RESÍDUOS SÓLIDOS
Municípios do Estado do Amazonas 2019

JÚLIO ASSIS CORRÊA PINHEIRO
Coordenador

Prefácio
Fábio José Feldmann

RESÍDUOS SÓLIDOS
Municípios do Estado do Amazonas 2019

Belo Horizonte

2022

© 2022 Editora Fórum Ltda.

É proibida a reprodução total ou parcial desta obra, por qualquer meio eletrônico, inclusive por processos xerográficos, sem autorização expressa do Editor.

Conselho Editorial

Adilson Abreu Dallari
Alécia Paolucci Nogueira Bicalho
Alexandre Coutinho Pagliarini
André Ramos Tavares
Carlos Ayres Britto
Carlos Mário da Silva Velloso
Cármen Lúcia Antunes Rocha
Cesar Augusto Guimarães Pereira
Clovis Beznos
Cristiana Fortini
Dinorá Adelaide Musetti Grotti
Diogo de Figueiredo Moreira Neto (*in memoriam*)
Egon Bockmann Moreira
Emerson Gabardo
Fabrício Motta
Fernando Rossi
Flávio Henrique Unes Pereira
Floriano de Azevedo Marques Neto
Gustavo Justino de Oliveira
Inês Virgínia Prado Soares
Jorge Ulisses Jacoby Fernandes
Juarez Freitas
Luciano Ferraz
Lúcio Delfino
Marcia Carla Pereira Ribeiro
Márcio Cammarosano
Marcos Ehrhardt Jr.
Maria Sylvia Zanella Di Pietro
Ney José de Freitas
Oswaldo Othon de Pontes Saraiva Filho
Paulo Modesto
Romeu Felipe Bacellar Filho
Sérgio Guerra
Walber de Moura Agra

FÓRUM
CONHECIMENTO JURÍDICO

Luís Cláudio Rodrigues Ferreira
Presidente e Editor

Coordenação editorial: Leonardo Eustáquio Siqueira Araújo
Aline Sobreira de Oliveira

Capa: Rui Machado
Série: "Sobre Vivência - Brasil 500 anos"
Acrílica sobre tela. 80 x 50 cm
Manaus/1999

Av. Afonso Pena, 2770 – 15º andar – Savassi – CEP 30130-012
Belo Horizonte – Minas Gerais – Tel.: (31) 2121.4900 / 2121.4949
www.editoraforum.com.br – editoraforum@editoraforum.com.br

Técnica. Empenho. Zelo. Esses foram alguns dos cuidados aplicados na edição desta obra. No entanto, podem ocorrer erros de impressão, digitação ou mesmo restar alguma dúvida conceitual. Caso se constate algo assim, solicitamos a gentileza de nos comunicar através do *e-mail* editorial@editoraforum.com.br para que possamos esclarecer, no que couber. A sua contribuição é muito importante para mantermos a excelência editorial. A Editora Fórum agradece a sua contribuição.

Dados Internacionais de Catalogação na Publicação (CIP) de acordo com ISBD

R433	Resíduos sólidos: Municípios do Estado do Amazonas 2019 / coordenado por Júlio Assis Corrêa Pinheiro. – Belo Horizonte : Fórum, 2022. 184 p. ; 14,5cm x 21,5cm. ISBN: 978-65-5518-328-3 1. Meio Ambiente. 2. Ciências do Ambiente. 3. Saneamento Básico. I. Pinheiro, Júlio Assis Corrêa. II. Título.
2022-169	CDD: 577 CDU: 574

Elaborado por Vagner Rodolfo da Silva – CRB-8/9410

Informação bibliográfica deste livro, conforme a NBR 6023:2018 da Associação Brasileira de Normas Técnicas (ABNT):

PINHEIRO, Júlio Assis Corrêa (Coord.). *Resíduos sólidos*: Municípios do Estado do Amazonas 2019. Belo Horizonte: Fórum, 2022. 184 p. ISBN 978-65-5518-328-3.

In memoriam Charles Luiz Melo, professor e pesquisador da equipe UEA/TCE.

AGRADECIMENTOS

Ao Conselheiro Dr. Júlio Pinheiro, nosso mentor e incentivador nas questões ambientais.

Ao Conselheiro Dr. Mario de Mello, presidente do TCE-AM, pelo convênio firmado entre UEA, oportunizando aos professores participarem das auditorias nos municípios objetos de estudos deste livro.

Ao Dr. Cleinaldo de Almeida Costa, reitor da UEA, por acreditar no desenvolvimento desta pesquisa, possibilitando a realização deste trabalho.

A todos aqueles que contribuíram, de alguma forma, para a realização deste trabalho.

Todos têm direito ao meio ambiente ecologicamente equilibrado, bem de uso comum do povo e essencial à sadia qualidade de vida, impondo-se ao Poder Público e à coletividade o dever de defendê-lo e preservá-lo para as presentes e futuras gerações.
(Artigo 225 da Constituição Federal)

SUMÁRIO

PREFÁCIO
Fábio José Feldmann 17

APRESENTAÇÃO 21

O CONTROLE EXTERNO E A GESTÃO DOS RESÍDUOS SÓLIDOS
NO AMAZONAS 23
Anete Jeane Marques Ferreira, Lany Mayre Iglesias Reis, Sérgio
Augusto Meleiro da Silva, Janete Lapa Águila, Júlio Assis Corrêa
Pinheiro 23
    Introdução 23
1   A PNRS e a geração de resíduos no Brasil 24
2   A PNRS e o Estado do Amazonas 25
3   Atuação do controle externo 26
    Considerações finais 28
    Referências 29

PANORAMA DA DESTINAÇÃO DOS RESÍDUOS SÓLIDOS
URBANOS NO MUNICÍPIO DE ANAMÃ/AM 31
José Luiz Sansone, Antônio de Lima Mesquita, Carla Souza
Calheiros, Fábio de Sousa Cardoso, Jacklene Briglia Amoêdo, Júlio
Assis Corrêa Pinheiro, Nádia Verçosa de Medeiros Rapôso, Neliane
de Sousa Alves, Raimundo Claudio de Sousa Gomes, Regina Yanako
Moriya, Rubelmar de Azevedo Filho, Valdete Santos de Araújo 31
    Introdução 31
1   Diagnóstico da situação dos resíduos sólidos 32
2   Coleta e transporte dos resíduos sólidos 35
3   Coleta seletiva 35
    Considerações finais 37
    Referências 38

POLÍTICA PÚBLICA PARA O DESCARTE DE RESÍDUOS SÓLIDOS
NO MUNICÍPIO DE ANORI/AM 41
José Luiz Sansone, Antônio de Lima Mesquita, Carla Souza
Calheiros, Fábio de Sousa Cardoso, Jacklene Briglia Amoêdo, Júlio
Assis Corrêa Pinheiro, Nádia Verçosa de Medeiros Rapôso, Neliane
de Sousa Alves, Raimundo Claudio de Sousa Gomes, Regina Yanako
Moriya, Rubelmar de Azevedo Filho, Valdete Santos de Araújo 41

    Introdução.. 41
1   Diagnóstico da situação dos resíduos sólidos 42
2   Lixão a céu aberto 43
3   Coleta, transporte e destino dos resíduos sólidos (RS) 44
    Considerações finais 45
    Referências 46

PANORAMA DA DESTINAÇÃO DOS RESÍDUOS SÓLIDOS
URBANOS NO MUNICÍPIO DE BORBA/AM... 49
José Luiz Sansone, Antônio de Lima Mesquita, Carla Souza
Calheiros, Fábio de Sousa Cardoso, Jacklene Briglia Amoêdo, Júlio
Assis Corrêa Pinheiro, Nádia Verçosa de Medeiros Rapôso, Neliane
de Sousa Alves, Raimundo Claudio de Sousa Gomes, Regina Yanako
Moriya, Rubelmar de Azevedo Filho, Valdete Santos de Araújo 49

    Introdução.. 49
1   Município de Borba 50
2   Panorama da destinação dos resíduos sólidos 51
    Considerações finais.. 55
    Referências 57

PANORAMA DA GESTÃO E GERENCIAMENTO DOS RESÍDUOS
SÓLIDOS NO MUNICÍPIO DE CAREIRO CASTANHO/AM 59
José Luiz Sansone, Antônio de Lima Mesquita, Carla Souza
Calheiros, Fábio de Sousa Cardoso, Jacklene Briglia Amoêdo, Júlio
Assis Corrêa Pinheiro, Nádia Verçosa de Medeiros Rapôso, Neliane
de Sousa Alves, Raimundo Claudio de Sousa Gomes, Regina Yanako
Moriya, Rubelmar de Azevedo Filho, Valdete Santos de Araújo 59

    Introdução.. 59
1   Município de Careiro Castanho 61
2   Resíduos sólidos do município... 62
    Considerações finais.. 65
    Referências 66

PANORAMA DA GESTÃO E GERENCIAMENTO DOS RESÍDUOS
SÓLIDOS NO MUNICÍPIO DE CAREIRO DA VÁRZEA/AM 69
José Luiz Sansone, Antônio de Lima Mesquita, Carla Souza
Calheiros, Fábio de Sousa Cardoso, Jacklene Briglia Amoêdo, Júlio
Assis Corrêa Pinheiro, Nádia Verçosa de Medeiros Rapôso, Neliane
de Sousa Alves, Raimundo Claudio de Sousa Gomes, Regina Yanako
Moriya, Rubelmar de Azevedo Filho, Valdete Santos de Araújo 69
    Introdução 69
1   Município de Careiro da Várzea 70
2   Resíduos sólidos no município 72
    Considerações finais 74
    Referências 76

PANORAMA DA DESTINAÇÃO DOS RESÍDUOS SÓLIDOS
URBANOS NO MUNICÍPIO DE COARI/AM 77
Raimundo Claudio de Sousa Gomes, Antônio de Lima Mesquita,
Carla Souza Calheiros, Fábio de Sousa Cardoso, Jacklene Briglia
Amoêdo, José Luiz Sansone, Júlio Assis Corrêa Pinheiro, Nádia
Verçosa de Medeiros Rapôso, Neliane de Sousa Alves, Regina Yanako
Moriya, Rubelmar de Azevedo Filho, Valdete Santos de Araújo 77
    Introdução 77
1   Município de Coari 78
2   Panorama da destinação dos resíduos sólidos 79
    Considerações finais 83
    Referências 84

PANORAMA DA GESTÃO E GERENCIAMENTO DOS RESÍDUOS
SÓLIDOS NO MUNICÍPIO DE ITAPIRANGA/AM 87
Raimundo Claudio de Sousa Gomes, Antônio de Lima Mesquita,
Carla Souza Calheiros, Fábio de Sousa Cardoso, Jacklene Briglia
Amoêdo, José Luiz Sansone, Júlio Assis Corrêa Pinheiro, Nádia
Verçosa de Medeiros Rapôso, Neliane de Sousa Alves, Regina Yanako
Moriya, Rubelmar de Azevedo Filho, Valdete Santos de Araújo 87
    Introdução 87
1   Resíduos sólidos 89
    Considerações finais 92
    Referências 94

PANORAMA DA GESTÃO E GERENCIAMENTO DOS RESÍDUOS
SÓLIDOS NO MUNICÍPIO DE MANAQUIRI/AM 95
José Luiz Sansone, Antônio de Lima Mesquita, Carla Souza
Calheiros, Fábio de Sousa Cardoso, Jacklene Briglia Amoêdo, Júlio
Assis Corrêa Pinheiro, Nádia Verçosa de Medeiros Rapôso, Neliane
de Sousa Alves, Raimundo Claudio de Sousa Gomes, Regina Yanako
Moriya, Rubelmar de Azevedo Filho, Valdete Santos de Araújo 95

    Introdução 95
1   Município de Manaquiri 97
2   Resíduos sólidos do município 98
    Considerações finais 101
    Referências 103

CARACTERIZAÇÃO DA DESTINAÇÃO DOS RESÍDUOS SÓLIDOS
URBANOS NO MUNICÍPIO DE MAUÉS/AM 105
Jacklene Briglia Amoêdo, Antônio de Lima Mesquita, Carla Souza
Calheiros, Fábio de Sousa Cardoso, José Luiz Sansone, Júlio Assis
Corrêa Pinheiro, Nádia Verçosa de Medeiros Rapôso, Neliane de
Sousa Alves, Raimundo Claudio de Sousa Gomes, Regina Yanako
Moriya, Rubelmar de Azevedo Filho, Valdete Santos de Araújo 105

    Introdução 105
1   Panorama da destinação dos resíduos sólidos 108
    Considerações finais 111
    Referências 112

PANORAMA DA GESTÃO E GERENCIAMENTO DOS RESÍDUOS
SÓLIDOS NO MUNICÍPIO DE NHAMUNDÁ/AM 115
Jacklene Briglia Amoêdo, Antônio de Lima Mesquita, Carla Souza
Calheiros, Fábio de Sousa Cardoso, José Luiz Sansone, Júlio Assis
Corrêa Pinheiro, Nádia Verçosa de Medeiros Rapôso, Neliane de
Sousa Alves, Raimundo Claudio de Sousa Gomes, Regina Yanako
Moriya, Rubelmar de Azevedo Filho, Valdete Santos de Araújo 115

    Introdução 115
1   Município de Nhamundá 116
2   Resíduos sólidos no município 117
    Considerações finais 121
    Referências 122

PANORAMA DA GESTÃO E GERENCIAMENTO DOS RESÍDUOS
SÓLIDOS NO MUNICÍPIO DE NOVO AIRÃO/AM.................................. 123
José Luiz Sansone, Antônio de Lima Mesquita, Carla Souza
Calheiros, Fábio de Sousa Cardoso, Jacklene Briglia Amoêdo, Júlio
Assis Corrêa Pinheiro, Nádia Verçosa de Medeiros Rapôso, Neliane
de Sousa Alves, Raimundo Claudio de Sousa Gomes, Regina Yanako
Moriya, Rubelmar de Azevedo Filho, Valdete Santos de Araújo........... 123
   Introdução... 123
1 Município de Novo Airão.................................... 124
2 Resíduos sólidos no município........................... 126
   Considerações finais.. 129
   Referências... 131

PANORAMA DA DESTINAÇÃO DOS RESÍDUOS SÓLIDOS
URBANOS NO MUNICÍPIO DE NOVO ARIPUANÃ/AM...................... 133
José Luiz Sansone, Antônio de Lima Mesquita, Carla Souza
Calheiros, Fábio de Sousa Cardoso, Jacklene Briglia Amoêdo, Júlio
Assis Corrêa Pinheiro, Nádia Verçosa de Medeiros Rapôso, Neliane
de Sousa Alves, Raimundo Claudio de Sousa Gomes, Regina Yanako
Moriya, Rubelmar de Azevedo Filho, Valdete Santos de Araújo........... 133
   Introdução... 133
1 Município de Novo Aripuanã.............................. 134
2 Panorama da destinação dos resíduos sólidos.... 135
   Considerações finais.. 139
   Referências... 140

PANORAMA DA GESTÃO E GERENCIAMENTO DOS RESÍDUOS
SÓLIDOS NO MUNICÍPIO DE PARINTINS/AM..................................... 143
Jacklene Briglia Amoêdo, Antônio de Lima Mesquita, Carla Souza
Calheiros, Fábio de Sousa Cardoso, José Luiz Sansone, Júlio Assis
Corrêa Pinheiro, Nádia Verçosa de Medeiros Rapôso, Neliane de
Sousa Alves, Raimundo Claudio de Sousa Gomes, Regina Yanako
Moriya, Rubelmar de Azevedo Filho, Valdete Santos de Araújo........... 143
   Introdução... 143
1 Município de Parintins... 144
2 Resíduos sólidos no município........................... 145
   Considerações finais.. 152
   Referências... 154

CARACTERIZAÇÃO DA DESTINAÇÃO DOS RESÍDUOS SÓLIDOS
URBANOS NO MUNICÍPIO DE PRESIDENTE FIGUEIREDO/AM 155
Jacklene Briglia Amoêdo, Antônio de Lima Mesquita, Carla Souza
Calheiros, Fábio de Sousa Cardoso, José Luiz Sansone, Júlio Assis
Corrêa Pinheiro, Nádia Verçosa de Medeiros Rapôso, Neliane de
Sousa Alves, Raimundo Claudio de Sousa Gomes, Regina Yanako
Moriya, Rubelmar de Azevedo Filho, Valdete Santos de Araújo 155
        Introdução.. 155
1   Panorama da destinação dos resíduos sólidos............................ 157
        Considerações finais... 159
        Referências.. 160

PANORAMA DA GESTÃO E GERENCIAMENTO DOS RESÍDUOS
SÓLIDOS NO MUNICÍPIO DE RIO PRETO DA EVA/AM........................ 163
Raimundo Claudio de Sousa Gomes, Antônio de Lima Mesquita,
Carla Souza Calheiros, Fábio de Sousa Cardoso, Jacklene Briglia
Amoêdo, José Luiz Sansone, Júlio Assis Corrêa Pinheiro, Nádia
Verçosa de Medeiros Rapôso, Neliane de Sousa Alves, Regina Yanako
Moriya, Rubelmar de Azevedo Filho, Valdete Santos de Araújo 163
        Introdução.. 163
1   Município de Rio Preto da Eva 164
2   Resíduos sólidos do município... 165
        Considerações finais... 167
        Referências.. 169

PANORAMA DA GESTÃO E GERENCIAMENTO DOS RESÍDUOS
SÓLIDOS NO MUNICÍPIO DE SILVES/AM 171
Raimundo Claudio de Sousa Gomes, Antônio de Lima Mesquita,
Carla Souza Calheiros, Fábio de Sousa Cardoso, Jacklene Briglia
Amoêdo, José Luiz Sansone, Júlio Assis Corrêa Pinheiro, Nádia
Verçosa de Medeiros Rapôso, Neliane de Sousa Alves, Regina Yanako
Moriya, Rubelmar de Azevedo Filho, Valdete Santos de Araújo 171
        Introdução.. 171
1   Município de Silves 173
2   Resíduos sólidos 175
        Considerações finais... 179
        Referências.. 181

SOBRE OS AUTORES.. 183

PREFÁCIO

Esta é a década em que a comunidade científica afirma categoricamente que estamos provocando impactos no planeta, apontando uma pequena janela de oportunidade para mudar a trajetória de impactos globais praticamente irreversíveis.

De poucos anos para cá, entrou em nosso cotidiano a ideia do Antropoceno, a humanidade como uma nova era geológica, capaz de promover mudanças que até aqui exigiam na escala de tempo milhares de anos, levando em consideração nossa presença na evolução da vida no planeta não antes de demonstrar absoluta perplexidade diante dessa nova realidade, que nos coloca como a primeira geração com rigorosa consciência sobre nossa responsabilidade em agir imediatamente sem desculpas e procrastinação.

Certamente, o maior desafio hoje reside nas mudanças climáticas, notadamente o aquecimento global. Esse fenômeno se confirma diariamente pelos desastres naturais no mundo – furacões, enchentes, incêndios florestais, enfim, os chamados extremos climáticos.

No entanto, novos problemas surgem na lista dos desafios, a exemplo dos plásticos nos oceanos. Quem imaginaria, duas décadas atrás, que correremos o risco de contaminação de peixes e respectiva cadeia alimentar por meio de micro e nanoplásticos?

E nesses últimos dias, um novo alerta chamou atenção para a camada de ozônio, que protege a vida no planeta: o buraco sobre a Antártida aumentou de modo incomum, sem explicação consistente até o momento. E por que citar aqui esse fato? Simplesmente em razão de que o acordo internacional que tratou do assunto – o Protocolo de Montreal – sempre foi visto como o mais paradigmático bem-sucedido acordo diplomático ambiental do mundo.

Diante desse contexto assustador, agravado pela pandemia de COVID-19, esperam-se respostas globais como implementação do Acordo de Paris, metas ambiciosas acopladas à Convenção da Biodiversidade e implementação das metas dos ODS – Objetivos do Desenvolvimento Sustentável.

Porém, tudo isso somente se tornará possível se, nas escalas nacional, regional e local, houver implementação em termos de iniciativas concretas. Para tanto, há necessidade de que lideranças do poder público, sociedade civil e instituições acadêmicas tragam para sua esfera de atuação essa responsabilidade e compromisso ético.

No Brasil, temos muitos bons exemplos individuais desse protagonismo e que se tornam particularmente importantes ao darem um contraponto à inércia e desídia presentes no país na implementação de políticas públicas transformadas.

Salta aos olhos o exemplo da Política Nacional de Resíduos Sólidos, lei que, embora tenha sido editada em 2010, não foi capaz de dar fim aos lixões e impulsionar o país na direção da chamada economia circular, isso é, repensar o conceito de resíduos, engajar o setor empresarial num novo modo de pensar e agir, e tornar o consumidor final mais consciente em suas escolhas.

Prova cabal de tudo isso está neste livro, em que se mostra a displicência na disposição dos resíduos nesses municípios amazônidas, com o comprometimento do meio ambiente local e da saúde pública.

Porém, há um elemento essencial que merece destaque e reconhecimento público nessa realidade: a existência de liderança visionária e comprometida. Refiro-me ao engajamento do Tribunal de Contas do Amazonas – TCE na busca de soluções para o problema dos resíduos, bem como ao comprometimento da Universidade do Estado do Amazonas – UEA, com uma visão que compreende que o enfrentamento dessas matérias exige conhecer a realidade local nua e crua, com os próprios olhos, e reunindo o necessário conhecimento acadêmico, engajando professores e alunos.

Em outras palavras, está se desenhando um arranjo institucional exemplar a ser replicado país afora e, ao se fazer isso, enfrenta-se um problema de dimensão local e regional, com perspectiva planetária. Explico: lixões emitem metano, poderoso gás com efeito estufa, que gera impacto climático muito superior a outros gases.

Aqui, porém, é preciso dizer que somente avançaremos se tivermos lideranças visionárias e comprometidas.

No Brasil, temos hoje muitas lideranças espalhadas em várias trincheiras. Uma delas, certamente, é Júlio Pinheiro, que, com uma extraordinária capacidade intelectual e de articulação nacional e internacional, tem contribuído para a implementação dos compromissos éticos da nossa geração.

Com sua atuação no Amazonas, os resíduos serão mais bem cuidados, assim como a biodiversidade. Entretanto, sua maior contribuição reside em mudar a compreensão dos tribunais de contas do país e seus similares no mundo, mostrando que precisamos agir imediatamente em favor do planeta – enquanto há tempo!

Fábio José Feldmann
Advogado, ambientalista e político brasileiro. Um dos fundadores da Fundação SOS Mata Atlântica, da qual foi também o primeiro presidente. Tem atuado como consultor.

APRESENTAÇÃO

Este documento é uma coletânea dos resultados obtidos na inspeção dos sistemas de gerenciamento dos resíduos sólidos de alguns municípios do Estado do Amazonas. Essa ação se fez possível devido ao Termo de Cooperação Técnica entre a Universidade do Estado do Amazonas (UEA) e o Tribunal de Contas do Estado (TCE-AM), firmado no dia 1º de fevereiro de 2018.

Na última década, os municípios do Estado do Amazonas apresentaram acentuado crescimento populacional e, consequentemente, aumento do consumo de recursos naturais e geração de resíduos sólidos. Nesse contexto, a questão do lixo na Amazônia passa a ser prioridade e um desafio a ser enfrentado pelos municípios amazonenses.

O governo federal, através da Lei nº 12.305/10, instituiu a Política Nacional de Resíduos Sólidos, obrigando os municípios brasileiros a elaborarem os Planos Municipais de Saneamento Básico e os Planos Municipais de Gestão Integrada dos Resíduos Sólidos. Recentemente, o Ministério do Meio Ambiente elaborou o Programa Lixão Zero, que visa atender à diretriz federal, com o objetivo de eliminar os lixões existentes e apoiar os municípios para soluções mais adequadas de destinação final dos resíduos sólidos, buscando melhorar a qualidade ambiental das cidades e, por consequência, a qualidade de vida da população.

Os autores

O CONTROLE EXTERNO E A GESTÃO DOS RESÍDUOS SÓLIDOS NO AMAZONAS

ANETE JEANE MARQUES FERREIRA
LANY MAYRE IGLESIAS REIS
SÉRGIO AUGUSTO MELEIRO DA SILVA
JANETE LAPA ÁGUILA
JÚLIO ASSIS CORRÊA PINHEIRO

Introdução

O lixo produzido nos centros urbanos e nas comunidades rurais é um grave problema no mundo contemporâneo. A sequência das cadeias, da produção industrial, da geração dos resíduos até a disposição final não obedece ao ciclo da conservação na natureza definido sabiamente pelo químico francês Antoine Lavoisier: "Na natureza nada se cria, nada se perde, tudo se transforma".

O ciclo da natureza nos tempos modernos ocorre de forma invertida. O homem extrai a matéria-prima e devolve em troca montanhas de resíduos que não são aproveitados para fabricação de novas matérias-primas.

A crescente industrialização, a concentração da população nas grandes cidades e o consumismo são vetores do aumento da geração de resíduos sólidos. O acúmulo de lixo é uma fonte de contaminação para o meio ambiente e vetor para proliferação de doenças.

A Associação Brasileira de Empresas de Limpeza Pública e Resíduos Especiais – ABRELPE, juntamente com a Organização das Nações Unidas – ONU, publicou o *Relatório Gestión de residuos orgánicos en América Latina*, no qual se informa que a geração de resíduos sólidos na América Latina alcançou uma produção diária de 145 mil toneladas, descartadas de forma irregular, deixando 170 milhões de pessoas expostas a contaminações (ABRELPE, 2017).

Ciente da responsabilidade compartilhada prescrita pela Política Nacional dos Resíduos Sólidos – PNRS, o Tribunal de Contas do Estado do Amazonas – TCE-AM se aliou ao desafio de contribuir para mudar o panorama da gestão de resíduos na seara dos seus jurisdicionados. A decisão, tomada há 11 anos, mostrou estar alinhada com o Pacto Mundial das Nações Unidas, pois, em 2015, foi lançada a Agenda Global 2030 com os Objetivos do Desenvolvimento Sustentável – ODS. O cumprimento da agenda requer a atuação de múltiplos atores para o atingimento das metas. Ao inserir nas ações do controle externo, fiscalizações e auditorias na gestão dos resíduos sólidos, o TCE-AM trilhou o caminho certo, tornando-se protagonista e referência entre seus pares.

Somadas as ações do controle externo, foram implementadas ações de educação ambiental, exposições, interações com a sociedade civil e o estabelecimento de parcerias com instituições públicas de ensino superior, como a Universidade Estadual do Amazonas – UEA e Universidade Federal do Amazonas – UFAM. A interface com a academia é um marco, um novo paradigma na atuação das cortes de contas em conexão com a produção de conhecimento.

É nesse contexto que situamos este artigo, com o objetivo de relatar as atividades que estão sendo desenvolvidas no controle externo do Tribunal de Contas do Estado do Amazonas (TCE-AM) após a incorporação da variável ambiental.

1 A PNRS e a geração de resíduos no Brasil

Há 10 anos, o governo brasileiro assinalou uma forte articulação institucional envolvendo os três entes federados (União, estados e municípios), o setor produtivo e a sociedade em geral na busca de soluções para os problemas da gestão de resíduos sólidos.

Entretanto, diversos municípios ainda precisam avançar muito quanto à destinação adequada. Segundo a Associação Brasileira de Empresas de Limpeza Pública e Resíduos Especiais – Abrelpe, em 2018 foram gerados 79 milhões de toneladas de resíduos, chegando a 216.629 toneladas diárias (Panorama dos Resíduos Sólidos 2018/2019). Do total de resíduos coletados, 59,5% receberam destinação final em aterro sanitário, e 40,5% foram despejados em locais inadequados por 3.001 municípios. Assim, 29,5 milhões de toneladas de RSU acabaram indo para lixões ou aterros que não contam com um conjunto de sistemas e medidas mitigatórias para prevenir danos e degradações.

Esse cenário impõe ao poder público grandes demandas a serem planejadas. Há anos, o governo brasileiro tenta erradicar os lixões. Com a edição da Lei nº 12.305/2010 (Política Nacional de Resíduos Sólidos – PNRS), regulamentada pelo Decreto nº 7.404/2010, foram determinadas aos municípios a elaboração do Plano Municipal de Gestão Integrada de Resíduos Sólidos – PMGIRS até agosto de 2012 (art. 8º) e a implantação de aterros sanitários até o ano de 2014. As duas metas não foram atingidas.

Em 2013, dos 5.570 municípios brasileiros, aproximadamente 33,5% (1.865 municípios) declararam possuir planos de gestão integrada de resíduos sólidos nos termos estabelecidos pela PNRS, segundo a Pesquisa de Informações Básicas Municipais (IBGE, 2014).

Conforme dados do *site* do Ministério do Meio Ambiente (2019), o Brasil ainda possui 2.906 lixões, distribuídos em 2.810 municípios; e 1.310 unidades de aterros controlados, localizadas em 1.254 municípios.

A PNRS também previu a atribuição de responsabilidade compartilhada aos geradores de resíduos, com adoção do processo de logística reversa no setor industrial. Embora tenham sido firmados acordos, nos setores de plástico (2012), lâmpadas (2014) e embalagens (2015), eletroeletrônicos (2019) e medicamentos (junho 2020), ainda há muitos gargalos para que as informações alcancem o grande público e que sejam estabelecidos pontos de coleta específicos.

2   A PNRS e o Estado do Amazonas

Após o advento da Lei nº 12.305/2010, a Secretaria de Estado do Meio Ambiente e Desenvolvimento Sustentável – SDS e a Associação Amazonense de Municípios – AAM, em julho de 2011, lançaram um programa com o objetivo de apoiar a elaboração dos planos de saneamento básico e de gestão integrada dos resíduos sólidos dos municípios amazonenses. O programa intitulado de PLAMSAN teve adesão de 59 dos 62 municípios do Amazonas. Três municípios decidiram não participar do programa e elaborar por conta própria seus planos: Manaus, Boca do Acre e Tapauá.

O financiamento do programa se deu pela celebração do Termo de Convênio nº 001/2011, firmado entre a SDS e a AAM. O programa foi orçado em R$2 milhões e 800 mil reais, sendo a composição estabelecida em R$1 milhão oriundo da SDS; e R$1,8 milhão, captado pela AAM entre os 59 municípios. Cerca de 236 técnicos dos municípios parceiros foram capacitados para a coleta de dados diagnósticos e 46 municípios receberam visitas técnicas de consultores contratados (AAM, 2012).

Em julho de 2012, a AAM apresentou como resultado do programa 59 planos de gerenciamento de resíduos e, posteriormente, em novembro de 2012, 59 planos de gerenciamento de saneamento básico. O município de Manaus aprovou seu plano por meio do Decreto nº 1.349/2011, e os municípios de Tapauá e Boca do Acre apresentaram seus planos em 2014 e 2015.

Após a conclusão dos planos do PLAMSAN, o cronograma do projeto previa a validação deste em lei, a partir da aprovação junto às câmaras municipais. Levantamento realizado pelo Departamento de Auditoria Ambiental – DEAMB (atual Diretoria de Controle Externo Ambiental), no período de 2016 a 2018, junto aos municípios que participaram do programa, indicou que apenas 43 aprovaram os planos em forma de lei.

Por meio de fiscalizações, o TCE tem acompanhado a gestão dos resíduos nos municípios onde se verifica alta deficiência nas gestões. Nenhum dos 59 municípios que participaram do programa chegou a implementar as ações previstas no plano, como prevê a PNRS. A maioria executa ações de forma pontual ou para atender demandas emergenciais, seja do TCE, do Ministério Público Estadual ou do Ministério Público Federal.

A Secretaria de Estado do Meio Ambiente do Amazonas – SEMA apresentou o Plano Estadual de Resíduos Sólidos – PERS-AM, em 2017. O plano, elaborado após a realização de audiências públicas regionais, foi financiado pelo Ministério do Meio Ambiente – MMA por intermédio do Convênio nº 766.762/2011. O ministério também financiou o Plano de Coleta Seletiva dos Municípios da Região Metropolitana de Manaus.

Em 12 de abril de 2017, a Assembleia Legislativa aprovou o plano estadual na forma da Lei nº 4.457/2017 (Política Estadual de Resíduos Sólidos). Por meio do plano estadual, evidenciamos que o cenário do Estado do Amazonas apresenta 61 lixões e um aterro controlado.

3 Atuação do controle externo

Em 2010, o TCE-AM contribuiu para o diagnóstico local da gestão dos resíduos sólidos ao mostrar a situação real do Aterro Controlado de Manaus no Relatório de Auditoria Operacional no Programa Manaus Mais Limpa, efetuado pelo Departamento de Auditoria Operacional.

Essa auditoria marcou o início das atividades do TCE na área ambiental, eliminando paradigmas quanto à atuação do órgão somente na área contábil, orçamentária e financeira. O respaldo para essa atuação tem base na Constituição Brasileira de 1988, que ampliou a competência das cortes de contas para uma atuação mais abrangente ao indicar que a fiscalização das contas públicas também teria o viés operacional e patrimonial (artigo 70 da Constituição Federal).

Em 2010, com a criação do Departamento de Auditoria Ambiental, de propositura do conselheiro Júlio Pinheiro, o TCE assumiu a missão de defender a Amazônia e marcou o início de sua atuação com a realização do I Simpósio Internacional de Gestão Ambiental e Controle de Contas Públicas. No encerramento do evento, os TCEs presentes assinaram a Carta da Amazônia, comprometendo-se a atuar na área ambiental.

As primeiras inspeções de caráter operacional foram realizadas em 2011 e 2012 com o objetivo de verificar a prática de gestão dos resíduos sólidos. Foram inspecionados 19 municípios (Figura 1), com avaliações de: existência de marco regulatório; planejamento e operacionalização da coleta pública; existência de programas de educação ambiental e coleta seletiva; destinação final dos resíduos sólidos; e a identificação de possíveis danos ambientais.

Figura 1 – Municípios da amostra inicial

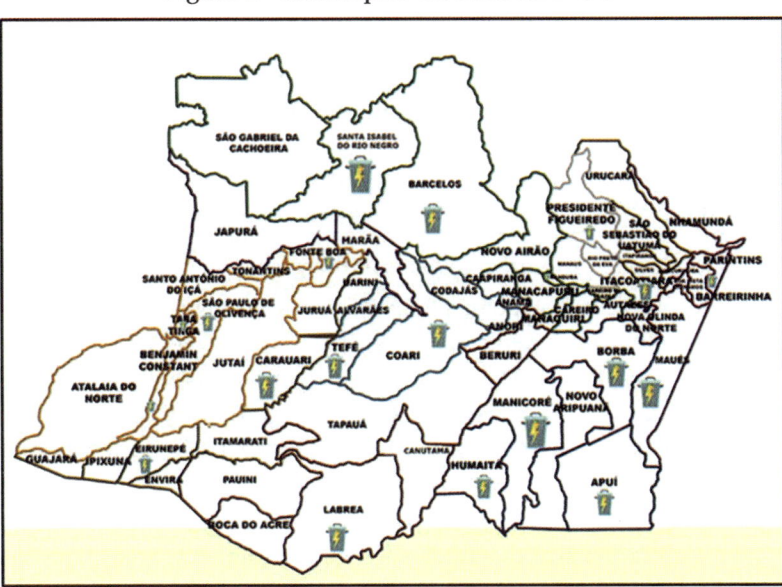

Fonte: Diretoria de Controle Externo Ambiental, TCE 2019.

A partir de 2017, foram abertos 62 processos de representação por solicitação do Ministério Público de Contas, que, àquela altura, já havia implementado uma coordenação ambiental. A instrução desses processos é feita pelos técnicos da Dicamb, com análise de dados, pesquisa documental, visitas técnicas e análise comparativa de imagens de satélite. Cerca de 29 processos já foram julgados.

Em 2018, após a celebração do Acordo de Cooperação 01/2018, com a Universidade Estadual do Amazonas – UEA, foram programadas visitas técnicas em 16 municípios (Portarias nº 22 e 23/2018 – Secex), cujos resultados são apresentados em artigos. Cada visita técnica contou com um técnico da Diretoria de Controle Externo Ambiental e pelo menos um ou dois professores do Acordo de Cooperação.

Com a realização do II Simpósio Internacional de Gestão Ambiental e Controle de Contas Públicas em outubro de 2019, o TCE reafirmou sua atuação no sentido de agregar valor à gestão ambiental, produzindo conhecimento e perspectivas, impulsionando os governos a agirem de forma preventiva e precautória, garantindo efetividade às normas internacionais, constitucionais e legais de proteção ao meio ambiente.

Considerações finais

A gestão dos resíduos sólidos, em especial a etapa da destinação final no conjunto de municípios já avaliados, envolve diversas variáveis. Dentre essas, destaca-se a falta de planejamento estratégico operacional e financeiro das prefeituras para manter o controle de coleta e disposição final dos resíduos dentro dos parâmetros legais. Enumera-se ainda que o efeito cascata ocasionado pela ausência de planejamento do setor ocasiona:

- destinação final a céu aberto (lixões);
- problemas de poluição social, de planejamento urbano, saúde pública e ambiental;
- não atendimento da legislação quanto ao cadastro no Sistema Nacional de Informações em Saneamento – SNIS e Sistema Nacional de Informações sobre a Gestão dos Resíduos Sólidos – SINIR;
- deficiência de profissionais com formação específica para atuar na área de gestão de resíduos sólidos;

- coleta pública insuficiente para cobrir toda a malha viária das sedes municipais;
- baixa articulação para mobilizar ou organizar catadores em associações (todos atuam na informalidade e sem apoio da prefeitura);
- ausência de manejo adequado do lixo hospitalar;
- descontinuidades de ações operacionais após a troca da administração pública;
- aquisição de áreas para aterros sanitários sem realização de estudos de viabilidade técnica e sem anuência do órgão ambiental estadual.

A situação nos municípios fiscalizados é grave, não só pelos danos ambientais observados a partir de inadequações técnicas legais e operacionais de disposição e coleta, mas, principalmente, por causa da degradação social e dos danos ambientais ocasionados na deterioração da paisagem, poluição do solo, do ar e dos mananciais hídricos. Evidencia-se ainda que o grande volume de resíduos nos lixões está diretamente ligado à ausência de programas complementares, como coleta seletiva, educação ambiental e ausência de política pública para o fortalecimento e profissionalização dos catadores.

Nesse contexto, embora as legislações e normativos tenham sido estabelecidos para combater essa problemática, nota-se que os avanços no Estado do Amazonas foram poucos. É necessária a implementação de uma política pública eficaz na gestão dos resíduos sólidos, com a adoção de programas de educação ambiental e coleta seletiva, e a participação de agentes públicos, da indústria e comércio, dos catadores e da sociedade. Esse é o caminho para a sustentabilidade do homem na terra.

Referências

AAM – ASSOCIAÇÃO AMAZONENSE DOS MUNICÍPIOS. *Planos de Saneamento Básico e Gestão Integrada de Resíduos Sólidos dos Municípios do Amazonas (PLAMSAN)*. Manaus, Amazonas, 2012.

ABRELPE. *Relatório Gestión de resíduos orgánicos en América Latina*. São Paulo, 2017.

ABRELPE. *Panorama dos Resíduos Sólidos no Brasil*. São Paulo, 2018; 2019.

AMAZONAS. Secretaria de Estado do Meio Ambiente e Desenvolvimento Sustentável. *Termo de Convênio 001/2011*. Manaus, Amazonas, 2011.

AMAZONAS. Secretaria de Estado do Meio Ambiente – SEMA. *Plano Estadual de Resíduos Sólidos (PERS-AM)*. Manaus, Amazonas, 2011.

AMAZONAS. *Lei nº 4.457/2017 – Política Estadual de Resíduos Sólidos*. Manaus, Amazonas, 2011.

BRASIL. Lei nº 12.305 – Política Nacional de Resíduos Sólidos. *Diário Oficial da União*, n. 147, p. 3, 3 ago. 2010. Brasília, Distrito Federal.

BRASIL. Decreto nº 7.404. *Diário Oficial da União*, nº 147, p. 3, 3 ago. 2010. Brasília, Distrito Federal.

BRASIL. *Constituição da República Federativa do Brasil*. Brasília, Distrito Federal, 1988.

BRASIL. Ministério do Meio Ambiente. *Acordo Setorial para Implantação de Sistema de Logística Reversa de Produtos Eletroeletrônicos de Uso Doméstico e seus componentes*. Brasília, DF, 2019.

BRASIL. Ministério do Meio Ambiente. *Convênio nº 766.762/2011*. Brasília, DF.

IBGE. *Pesquisa de Informações Básicas Municipais – MUNIC*. Brasília, Distrito Federal, 2013.

ONU. *Agenda 2030*. Objetivos do Desenvolvimento Sustentável. Nova York, EUA, 2015.

TCE. *Panorama dos Resíduos Sólidos em 19 municípios do Amazonas*. Manaus, Amazonas, 2013.

TCE. *Portarias da Secretaria de Controle Externo nº 22 e 23/2018*. Manaus, Amazonas, 2018.

TCE. *Relatório de Auditoria Operacional no Programa Manaus Mais Limpa*. Manaus, Amazonas, 2010.

TCE. *Acordo de Cooperação 01/2018 – Universidade Estadual do Amazonas/TCE*. Manaus, Amazonas, 2018.

Informação bibliográfica deste texto, conforme a NBR 6023:2018 da Associação Brasileira de Normas Técnicas (ABNT):

FERREIRA, Anete Jeane Marques *et al*. O controle externo e a gestão dos resíduos sólidos no Amazonas. *In*: PINHEIRO, Júlio Assis Corrêa (Coord.). *Resíduos sólidos*: municípios do estado do Amazonas 2019. Belo Horizonte: Fórum, 2022. p. 23-30. ISBN 978-65-5518-328-3.

PANORAMA DA DESTINAÇÃO DOS RESÍDUOS SÓLIDOS URBANOS NO MUNICÍPIO DE ANAMÃ/AM

JOSÉ LUIZ SANSONE
ANTÔNIO DE LIMA MESQUITA
CARLA SOUZA CALHEIROS
FÁBIO DE SOUSA CARDOSO
JACKLENE BRIGLIA AMOÊDO
JÚLIO ASSIS CORRÊA PINHEIRO
NÁDIA VERÇOSA DE MEDEIROS RAPÔSO
NELIANE DE SOUSA ALVES
RAIMUNDO CLAUDIO DE SOUSA GOMES
REGINA YANAKO MORIYA
RUBELMAR DE AZEVEDO FILHO
VALDETE SANTOS DE ARAÚJO

Introdução

Inicialmente, o local foi rota de seringueiros e aventureiros em busca de seringais e terras férteis, formando-se os primeiros agregados humanos; há, ainda, outra versão, de que a formação desse povoado é anterior a 1843, com o estabelecimento de fazendeiros na região. Oficialmente, o povoamento da localidade teve início por volta de 1936, com a penetração de antigos seringueiros vindos do Acre. Em 1940, o distrito tornou-se muito conhecido por seus seringais. Adotou, popularmente, o nome de Alto Seringal, porém esse nome não foi reconhecido pelo governo e, em 1957, pelas péssimas condições de vida humana, inicia-se o êxodo para Manaus. Em 1965, o local passou a ser conhecido como Princesa de Anori por populares. Em 1968, o povoado foi elevado à categoria de distrito. Em 1976, através do Decreto-Lei nº 177, de 21 de junho, Anori, um distrito próximo, é elevado à categoria de município, e Anamã torna-se distrito de Anori. Em 10.12.1981, é criado o município de Anamã pela Emenda Constitucional nº 12, com desmembramento de Anori. Em 1982, aconteceram as eleições municipais, vencidas por Sebastião Pacheco Teles.

Em conformidade com a Lei Municipal nº 298, de 26.09.2017, estabelece-se o dia 31 de janeiro como o dia oficial do aniversário do município de Anamã. Situado a 29 metros de altitude e distante de Manaus aproximadamente 160 km (Figura 1A) – coordenadas geográficas: latitude 3º 34' 49'' sul; longitude 61º 24' 16'' oeste –, Anamã ocupa uma área de 2.453,934 km², com uma população estimada pelo IBGE para 2019 de 13.614 habitantes (Figura 1B). Limita-se ao norte e oeste com o município de Anori; ao sul, com o município de Beruri; e a leste, com Manacapuru. O município conta atualmente com 22 comunidades, cujas principais são: Arixi, Cuia, Novo Brasil, Mato Grosso, Nossa Senhora de Nazaré e as indígenas São José e Eware (Tikunas), Bom Jesus, Nova Esperança e Santa Luzia (Kokamas), na Ilha do Camaleão. A economia do município é baseada na agricultura e na pesca e possui os seguintes serviços: internet, telefonia fixa e móvel e a rádio FM comunitária Anamã.

Figura 1 – (A) Distância entre os municípios de Manaus e Anamã; (B) sede do município de Anamã

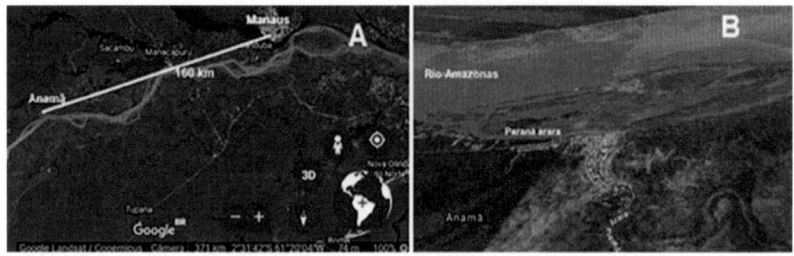

1 Diagnóstico da situação dos resíduos sólidos

Em relação à política pública para os resíduos sólidos, a situação do município de Anamã não é diferente do resto do país, uma vez que o prazo para que os municípios brasileiros se adequassem à Política

Nacional de Resíduos Sólidos – PNRS, em vigor desde 2010, terminou em 2014. Mesmo sendo exigidas por lei, as mudanças para erradicação dos lixões a céu aberto deixaram de ser cumpridas em boa parte das cidades brasileiras; dentre elas, os 61 municípios amazonenses.

Em 2014, o Departamento de Auditoria Ambiental do Tribunal de Contas do Amazonas – DEAMB/TCE divulgou relatório que demonstrava que os municípios do estado, apesar de terem concluído os planos de gestão de resíduos sólidos urbanos, ainda continuavam longe de cumprir a legislação. Neste momento, o órgão alertou a situação preocupante envolvendo os municípios de Anamã, Barreirinha, Canutama, Careiro da Várzea, Nhamundá e Parintins, localizados em área de várzea, por não terem espaço físico para os aterros em suas sedes (G1 Amazonas) e, em 2018, quatro anos após a última auditoria, o TCE, juntamente com a UEA, faz um novo diagnóstico, por meio do qual se pode verificar que não houve nenhuma providência quanto à implementação do Plano Municipal de Gestão Integrada de Resíduo Sólido, o qual daria o destino correto ao lixo e ao desenvolvimento social do município de Anamã. Vale ressaltar que, em 2014, o TCE alertou quanto ao perigo do lixão a céu aberto por ser um município de várzea.

A atual pesquisa técnica ao município de Anamã para verificar a destinação final dos resíduos sólidos (DRS) foi realizada no âmbito do lixão a céu aberto, da Secretaria de Obras do Município, através do setor responsável pela coleta e serviços de limpeza no município, da Secretaria Municipal de Meio Ambiente e do Hospital Francisco de Sales de Moura no município, onde se verificaram a geração e a destinação dos resíduos sólidos urbanos, os rejeitos de saúde e o desenvolvimento das ações do Plano Municipal de Gestão Integrada dos Resíduos Sólidos – PMGIRS.

No plano de gerenciamento de resíduos sólidos, em 2012, estavam previstas duas áreas de depósitos de resíduos sólidos provisórias: (1) área no Paraná do Anamã e (2) área provisória localizada na sede do município, junto ao incinerador.

1. Área localizada no Paraná do Anamã (Figuras 2A e 2B): seria utilizada na vazante como um depósito próximo ao município para que os resíduos sólidos durante a cheia fossem transportados por balsa ao aterro definitivo, previsto a 9 km da sede, ou seja, ao lado do Lago de Anamã (Figura 2C).
    - Aterro definitivo: não foi vistoriado pela equipe do DEAMB/UEA e não sabemos quais os impactos ambientais advindos para esse município, uma vez que os resíduos sólidos estão,

segundo a administração atual, sendo transportados via balsa a 93 km, no município de Manacapuru.

2. Área provisória localizada na sede do município, junto ao incinerador: cedida pela Petrobras com SDS como compensação ambiental, nunca funcionou devido à implantação por parte da Petrobras nunca ter terminado e a localização inadequada do incinerador, tanto pela cheia do Rio Solimões como pela proximidade de residências (Figura 3).

Figura 2 – (A) e (B) Lixeira provisória no Paraná de Anamã; (C) aterro definitivo, previsto a 9 km da sede; (D) e (E) detalhe da lixeira do Lago de Anamã (desativada)

Fonte: Relatório de Anamã do AMSAN (2012).

Figura 3 – Galpão do incinerador

Fonte: Vistoria DEAMB/UEA 2018.

2 Coleta e transporte dos resíduos sólidos

Na pesquisa técnica do DEAMB/UEA, ficou evidenciado que, atualmente, todo o RSU do município de Anamã é coletado com caçamba e caminhão coletor de lixo urbano e levado para Manacapuru por balsas. Os RSU produzidos fora da sede do município têm como destino rio ou queima. Atualmente, a prefeitura possui dois carros coletores, que frequentemente apresentavam problemas mecânicos e geralmente são substituídos por caminhão e caçamba, conforme ilustrações a seguir. Os RSU advindos da coleta diária, como dos resíduos de saúde, estão sendo transportados via balsa para o município de Manacapuru, onde se vê claramente o descaso do chorume que vai poluindo o Rio Solimões no trajeto até aquele município. Falta nesse aspecto um projeto de transporte mais adequado para evitar esse tipo de poluição, com uma adequação de tecnologia apropriada (Figura 4). Vale ressaltar que a coleta de resíduos hospitalar e da unidade de pronto atendimento é feita por empresa de coleta terceirizada, porém, a destinação final se dá em lixão do município de Manacapuru.

Figura 4 – (A) e (B) Trator e caçamba; (C) e (D) equipamentos para a coleta de RS; (E) e (F) caminhão e balsa para transbordo de Anamã para transporte até o município de Manacapuru

Fonte: Vistoria DEAMB/UEA 2018.

3 Coleta seletiva

Segundo a Secretaria Municipal de Meio Ambiente, no município de Anamã a coleta seletiva é praticada e incentivada como demonstram a distribuição de *folders* explicativos (Figura 5) e as reuniões (Figura 6).

Figura 5 – Folder explicativo para realizar a coleta seletiva

Fonte: Vistoria DEAMB/UEA 2018.

Figura 6 – Campanha ambiental da Secretaria de Meio Ambiente de Anamã

Fonte: Vistoria DEAMB/UEA 2018.

Considerações finais

O município de Anamã apresenta sérias limitações orçamentárias, baixa disponibilidade de pessoal qualificado tecnicamente para composição de equipes, baixíssima densidade demográfica e infraestrutura precária de transporte e comunicação interna e externa.

A seguir, são apresentadas algumas recomendações para o município de Anamã:

- a implantação de um plano de gestão trará reflexos positivos no âmbito social, ambiental e econômico, pois não só tende a diminuir o consumo dos recursos naturais, como proporciona a abertura de novos mercados, gera trabalho, emprego e renda, conduz à inclusão social e diminui os impactos ambientais provocados pela disposição inadequada dos resíduos;
- ativação dos consórcios públicos para a gestão dos resíduos sólidos instituídos no Estado do Amazonas.
- promover ações encadeadas e integradas, envolvendo entes da esfera pública e privada, nas diferentes camadas geopolíticas (federal, estadual e municipal) e nos diversos campos de competência (operacional, fiscalização, regulação, científica e acadêmica);
- instalação de aterros sanitários nos municípios e localidades e a urgente interdição dos lixões;
- implantação de infraestruturas comuns, de aterro sanitário, em que o custeio, operação, manutenção e uso sejam compartilhados, em consórcio, por grupos de municípios;
- criação de GTs (grupos de trabalhos) com pessoal da Secretaria de Meio Ambiente Municipal, professores, alunos e voluntários da comunidade, como agentes multiplicadores em educação ambiental;
- elaboração de material educativo (cartilhas, palestras, oficinas, debates por meio de rádio e TV, videodocumentários etc.) sobre os resíduos sólidos (lixo) do dia a dia;
- desenvolvimento de projetos de educação ambiental (coleta seletiva) com a parceria das escolas por meio das secretarias de educação (E.A. como tema gerador interdisciplinar), Secretaria de Meio Ambiente, meios de comunicação, comerciantes e comunidade local (associação de bairro), dando-lhes

incentivos (premiações e assistência socioambiental continuada e programada);
- criar por intermédio da Secretaria Municipal de Meio Ambiente medidas precautórias (notificação) e, no caso de reincidência, medidas inibidoras (multas) para o descarte inadequado de RSU.

A seguir, apresenta-se uma visão analítica da gestão ambiental dos resíduos sólidos urbanos no município de Anamã (Figura 7).

Figura 7 – Visão analítica da gestão de resíduos sólidos no município de Anamã/AM

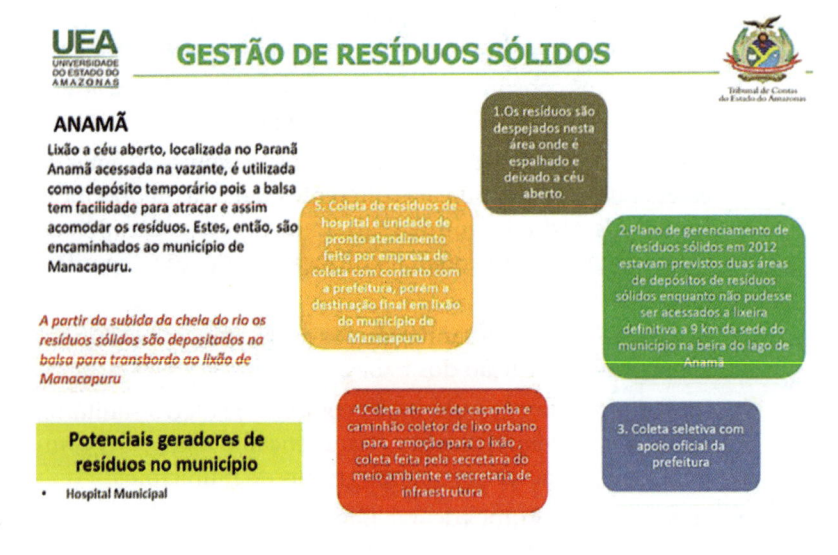

GESTÃO DE RESÍDUOS SÓLIDOS

ANAMÃ
Lixão a céu aberto, localizada no Paraná Anamã acessada na vazante, é utilizada como depósito temporário pois a balsa tem facilidade para atracar e assim acomodar os resíduos. Estes, então, são encaminhados ao município de Manacapuru.

A partir da subida da cheia do rio os resíduos sólidos são depositados na balsa para transbordo ao lixão de Manacapuru.

1. Os resíduos são despejados nesta área onde é espalhado e deixado a céu aberto.

2. Plano de gerenciamento de resíduos sólidos em 2012 estavam previstos duas áreas de depósitos de resíduos sólidos enquanto não pudesse ser acessada a lixeira definitiva a 9 km da sede do município na beira do lago de Anamã.

5. Coleta de resíduos de hospital e unidade de pronto atendimento feito por empresa de coleta com contrato com a prefeitura, porém a destinação final em lixão do município de Manacapuru.

4. Coleta através de caçamba e caminhão coletor de lixo urbano para remoção para o lixão, coleta feita pela secretaria do meio ambiente e secretaria de infraestrutura.

3. Coleta seletiva com apoio oficial da prefeitura.

Potenciais geradores de resíduos no município
- Hospital Municipal

Fonte: Vistoria DEAMB/UEA 2018.

Referências

ANAMÃ. *Cidade Brasil*. Disponível em: https://www.cidade-brasil.com.br.

ASSOCIAÇÃO AMAZONENSE DE MUNICÍPIOS – AAM. *PLAMSAN*. Plano Municipal de Gestão Integrada de Resíduos Sólidos. 2012.

BRASIL. *Lei nº 12.305, de 2 de agosto de 2010*. Institui a Política Nacional de Resíduos Sólidos; altera a Lei nº 9.605, de 12 de fevereiro de 1998; e dá outras providências. Disponível em: https://www.mma.gov.br/cidades-sustentaveis/residuos-solidos/politica-nacional-de-residuos-solidos.

Informação bibliográfica deste texto, conforme a NBR 6023:2018 da Associação Brasileira de Normas Técnicas (ABNT):

SANSONE, José Luiz et al. Panorama da destinação dos resíduos sólidos urbanos no município de Anamã/AM. In: PINHEIRO, Júlio Assis Corrêa (Coord.). *Resíduos sólidos*: municípios do estado do Amazonas 2019. Belo Horizonte: Fórum, 2022. p. 31-39. ISBN 978-65-5518-328-3.

POLÍTICA PÚBLICA PARA O DESCARTE DE RESÍDUOS SÓLIDOS NO MUNICÍPIO DE ANORI/AM

JOSÉ LUIZ SANSONE
ANTÔNIO DE LIMA MESQUITA
CARLA SOUZA CALHEIROS
FÁBIO DE SOUSA CARDOSO
JACKLENE BRIGLIA AMOÊDO
JÚLIO ASSIS CORRÊA PINHEIRO
NÁDIA VERÇOSA DE MEDEIROS RAPÔSO
NELIANE DE SOUSA ALVES
RAIMUNDO CLAUDIO DE SOUSA GOMES
REGINA YANAKO MORIYA
RUBELMAR DE AZEVEDO FILHO
VALDETE SANTOS DE ARAÚJO

Introdução

O município de Anori é elevado à categoria de município pela Lei Estadual nº 117, de 29.12.1956, desmembrado do município de Codajás. Em divisão territorial datada de 01.07.1960, o município é constituído de dois distritos: Anori e Anamã. Pela Emenda Constitucional nº 12, de 10.02.1981 (art. 2º, disposições gerais transitórias), delimitado pelo Decreto Estadual nº 6.158, o distrito de Anamã é desmembrado do município de Anori.

O município de Anori pertence à microrregião do município de Coari juntamente com os municípios de Anamã, Beruri, Caapiranga e

Codajás. Ocupa uma área de 5.795,283 km² e possui uma população estimada pelo Instituto Brasileiro de Geografia e Estatística (IBGE), em 2014, de 18.826 habitantes. Situado a 38 metros de altitude, Anori tem as seguintes coordenadas geográficas: latitude 3º 46' 24" sul; longitude: 61º 38' 40" oeste. Seu nome vem da palavra indígena em nheengatu, *uanuri* ou *wanury*, regionalmente conhecida como ánory, que significa "tracajá macho", uma espécie de quelônio dulcícola de tom negro-azulado com manchas amarelas, facilmente encontrada na região.

Figura 1 – Vista da cidade de Anori

Fonte: portalpontual.com.br.

1 Diagnóstico da situação dos resíduos sólidos

A pesquisa técnica sobre a Destinação Final dos Resíduos Sólidos (DRS) foi realizada no âmbito do lixão a céu aberto; Secretaria de Obras do Município, setor responsável pela coleta e serviços de limpeza no município; Secretaria Municipal de Meio Ambiente; e Hospital Darlinda Ribeiro do Município de Anori para verificar a geração e destinação dos resíduos sólidos urbanos e rejeitos de saúde, e o desenvolvimento das ações do Plano Municipal de Gestão Integrada dos Resíduos Sólidos – PMGIRS.

2 Lixão a céu aberto

O lixão a céu aberto está localizado às margens da estrada que liga a sede do município com a comunidade Mato Grosso. As coordenadas geográficas são S 04°13'16,70098" e W 69°55'03,03712" (Figura 2A e 2B).

Figura 2 – Lixão a céu aberto. (A) Detalhes da entrada da lixeira; (B) e (C) lixão

Fonte: Vistoria DEAMB/UEA 2018.

Como a estrada era de barro, ou seja, baixa permeabilidade, durante o inverno (período de chuva) ficava parcialmente destruída (Figuras 3A e 3B).

Para minimizar o acesso de fumaça produzida pela queima do lixo para a Comunidade Mato Grosso e para o Aeroporto, que fica a 800 metros dessa lixeira, foi aberto um desvio (Figura 3C). É importante lembrar que a proximidade dessa lixeira torna muito perigosos os pousos e decolagens devido à presença de urubus.

Figura 3 – Detalhes da entrada da lixeira

Fonte: Vistoria DEAMB/UEA 2018.

3 Coleta, transporte e destino dos resíduos sólidos (RS)

A coleta é realizada pela Secretaria Municipal de Infraestrutura, utilizando-se de caçamba e caminhão devido aos dois carros coletores apresentarem frequentemente problemas mecânicos (Figuras 4A, 4B e 4C). A coleta fora da sede do município tem como destino rio ou queima. A figura 4D mostra um gari sem nenhum equipamento de proteção (capacete, luva, botas e uniforme).

Figura 4 – (A), (B) e (C) Caminhão de coleta de lixo do município de Anori; (D) gari sem equipamento de proteção

Fonte: Vistoria DEAMB/UEA 2018.

Os resíduos gerados pela unidade de saúde Hospital Darlinda Ribeiro são despejados no lixão em valas ou queimados. Nas figuras 5A e 5B, podemos observar o descaso com o armazenamento desse lixo.

Figura 5 – (A) Materiais de saúde descartados fora da área de segregação de resíduos hospitalares; (B) depósito para segregação de material descartável

Fonte: Vistoria DEAMB/UEA 2018.

Não se sabe corretamente a quantidade de resíduos sólidos gerados pelo município, pois o mesmo não possui balança para pesagem dos resíduos coletados. Sabe-se que, no período de chuva, a quantidade de lixo coletado é maior, pois, na estiagem, a queima é muito maior. A frequência da coleta é diária, e todo o resíduo coletado é descarregado aleatoriamente na superfície do solo do lixão. Como em outros municípios do Estado do Amazonas, o lixão de Anori está localizado próximo ao aeroporto (800 m), botando em risco o transporte aéreo devido à quantidade de urubus (*Coragyps atratus*) presentes na localidade.

O município possui uma rudimentar coleta seletiva, e o resíduo orgânico produzido é encaminhado para compostagem e utilizado no viveiro para produção de mudas (Figura 6).

Figura 6 – Produção de mudas usando composto orgânico

Fonte: Vistoria DEAMB/UEA 2018.

Considerações finais

O município de Anori também apresenta limitações orçamentárias, baixa disponibilidade de pessoal qualificado tecnicamente, baixa densidade demográfica e infraestrutura precária.

As seguir, são apresentadas algumas recomendações para o município de Anori:

- priorizar a destinação de recursos para a implantação dos planos municipais de gestão integrada de resíduos sólidos (PMGIRS);
- divisão dos custos, ou seja, a criação de consórcios intermunicipais para a atualização e implantação dos planos municipais de gestão integrada de resíduos sólidos;
- incentivar estudo para viabilizar a transformação do lixo em energia limpa através da queima dos gases emitidos nos aterros sanitários ou a queima dos próprios resíduos sólidos, com diminuição dos impactos causados pela decomposição do lixo (aproveitamento energético);

- aplicação da logística reversa e logística verde, diminuindo os resíduos sólidos;
- colocar em prática a economia circular;
- formação e capacitação de catadores e organização de cooperativas;
- política de incentivos fiscais, estimulando o mercado de recicláveis;
- incentivar a política do lixo mínimo nas diversas áreas (hotelaria, construção civil e resíduos não madeireiros).

A seguir, apresenta-se uma visão analítica da gestão ambiental dos resíduos sólidos urbanos no município de Anori (Figura 7).

Figura 7 – Visão analítica da gestão de resíduos sólidos no município de Anori/AM

GESTÃO DE RESÍDUOS SÓLIDOS

MUNICÍPIO DE ANORI
Lixão a céu aberto está localizado às margens da estrada que liga a sede do município com a comunidade mato grosso. as coordenadas geográficas SÃO S 04°13'16,70098" E W "69°55'03,03712".

1. Resíduos de saúde - não há tratamento adequado, apenas é coletado separadamente, queimado e enterrado no local de descarte final de resíduos

5. Município com plano desde 2012 para estabelecer o aterro sanitário porém sem condições financeiras para este tipo de gerenciamento

2. Coleta através de caçamba e caminhão coletor de lixo urbano

Potenciais geradores de resíduos no município
- Hospital Municipal

4. Coleta seletiva sem apoio oficial

3. Criação de mudas e compostagem para a população

Fonte: Vistoria DEAMB/UEA 2018.

Referências

ANORI. *Informações sobre o município e a prefeitura*. Disponível em: https://www.cidade-brasil.com.br/municipio-anori.html.

ASSOCIAÇÃO AMAZONENSE DE MUNICÍPIOS (AAM). *PLAMSAN*. Plano Municipal de Gestão Integrada de Resíduos Sólidos. 2012.

BRASIL. *Lei nº 12.305, de 2 de agosto de 2010*. Institui a Política Nacional de Resíduos Sólidos; altera a Lei nº 9.605, de 12 de fevereiro de 1998; e dá outras providências. Disponível em: https://www.mma.gov.br/cidades-sustentaveis/residuos-solidos/politica-nacional-de-residuos-solidos.

Informação bibliográfica deste texto, conforme a NBR 6023:2018 da Associação Brasileira de Normas Técnicas (ABNT):

SANSONE, José Luiz et al. Política pública para o descarte de resíduos sólidos no município de Anori/AM. *In*: PINHEIRO, Júlio Assis Corrêa (Coord.). *Resíduos sólidos*: municípios do estado do Amazonas 2019. Belo Horizonte: Fórum, 2022. p. 41-47. ISBN 978-65-5518-328-3.

PANORAMA DA DESTINAÇÃO DOS RESÍDUOS SÓLIDOS URBANOS NO MUNICÍPIO DE BORBA/AM

JOSÉ LUIZ SANSONE
ANTÔNIO DE LIMA MESQUITA
CARLA SOUZA CALHEIROS
FÁBIO DE SOUSA CARDOSO
JACKLENE BRIGLIA AMOÊDO
JÚLIO ASSIS CORRÊA PINHEIRO
NÁDIA VERÇOSA DE MEDEIROS RAPÔSO
NELIANE DE SOUSA ALVES
RAIMUNDO CLAUDIO DE SOUSA GOMES
REGINA YANAKO MORIYA
RUBELMAR DE AZEVEDO FILHO
VALDETE SANTOS DE ARAÚJO

Introdução

Este trabalho é resultado de inspeção ambiental referente à gestão e gerenciamento de resíduos sólidos urbanos realizados no município de Borba/AM, em parceria com o Tribunal de Contas do Estado do Amazonas – TCE/AM, cujo objetivo foi verificar se o município, por meio de ações de planejamento e implantação do sistema de gerenciamento dos resíduos sólidos gerados no município, permite a universalização do mesmo, com qualidade, para a população e para o meio ambiente.

O crescimento da população urbana se fez acompanhar pelo aumento da geração dos resíduos sólidos urbanos, bem como pela necessidade de locais específicos, afastados dos núcleos populacionais e que atendam requisitos para reduzir o potencial da contaminação dos solos, do ar e das águas, superficiais e subterrâneas, alterando suas características físicas, químicas e biológicas e que coloca em risco a saúde humana (MARQUES, 2011).

De acordo com a Pesquisa Nacional de Saneamento Básico – PNSB (2008), quanto à destinação final dos resíduos, os vazadouros a céu aberto (lixões) constituem o destino dos resíduos sólidos em 50,8% dos municípios brasileiros. Tal situação se configura como um cenário de destinação reconhecidamente inadequado, que exige soluções urgentes e estruturais para o setor. No caso específico da Região Norte, 85,5% dos resíduos gerados têm como destino os lixões, situação identificada no município de Borba.

Em 2012, a Associação Amazonense de Municípios – AAM apresentou os Planos de Saneamento Básico e Gestão Integrada de Resíduos Sólidos dos Municípios do Amazonas – PLAMSAN, atendendo 59 municípios do Estado do Amazonas, cujo objetivo foi implantar a gestão do saneamento básico nos municípios amazonenses, em atenção à legislação vigente: Lei nº 11.445/2007 (Diretrizes Nacionais para o Saneamento Básico) e a Lei nº 12.305/2010, que trata da Política Nacional de Resíduos Sólidos.

1 Município de Borba

O município de Borba, pertencente à Mesorregião Sul-Amazonense e Microrregião do Madeira, está localizado na Região do Madeira, 5ª Sub-Região, nas coordenadas geográficas de 40°39'21" de latitude sul e a 59°55'1" de latitude oeste de Greenwich (Figura 1). Apresenta uma população estimada de 41.161 habitantes, de acordo com o Instituto Brasileiro de Geografia e Estatística – IBGE (2019).

Borba foi a primeira vila criada em território amazonense, originou-se da Aldeia do Trocano e foi fundada em 1728, ou pouco mais tarde, pelo Frei João Sampaio, da Companhia de Jesus, catequista do Rio Madeira (IBGE, 2019).

Ainda de acordo com o IBGE (2019), o município, com uma área territorial de 44.236,184 km^2, apresenta 8% de domicílios com esgotamento sanitário adequado, 86,1% de domicílios urbanos em vias públicas com arborização e 2,6% de domicílios urbanos em vias públicas com urbanização adequada (presença de bueiro, calçada, pavimentação e meio-fio). Quando comparado com os outros municípios do estado, fica na posição 41 de 62, 3 de 62 e 41 de 62, respectivamente. Já quando comparado a outras cidades do Brasil, sua posição é 4.525 de 5.570, 1.883 de 5.570 e 3.952 de 5.570, respectivamente.

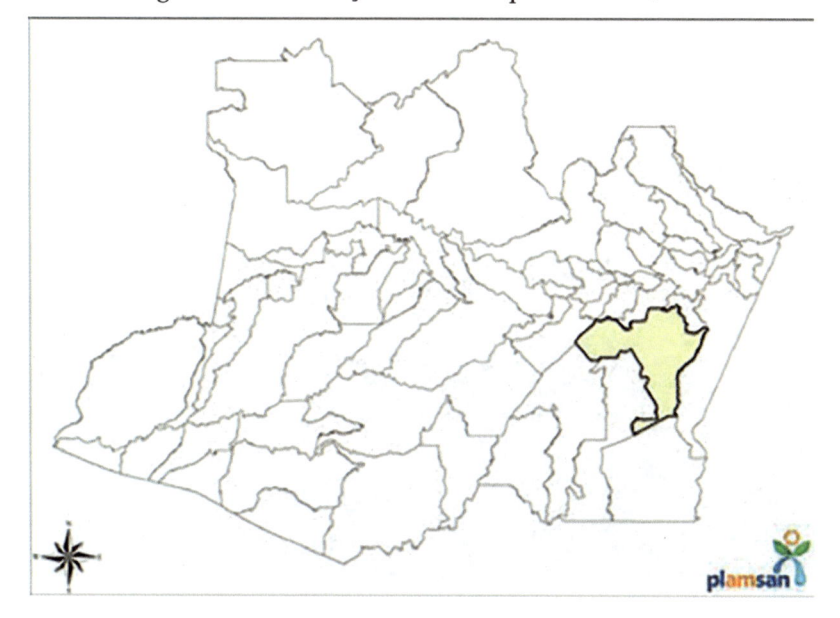

Figura 1 – Localização do município de Borba/AM

Fonte: PLAMSAN (2012).

2 Panorama da destinação dos resíduos sólidos

No âmbito da pesquisa foram levantadas informações acerca da Destinação Final dos Resíduos Sólidos – DRS no município junto à Secretaria de Obras do Município (responsável pela coleta e limpeza da área urbana), Secretaria Municipal de Meio Ambiente e Hospital Regional de Borba para coleta de informações quanto aos resíduos de saúde. Nessa etapa, também foi realizado um levantamento quanto ao desenvolvimento das ações do Plano Municipal de Gestão Integrada dos Resíduos Sólidos – PMGIRS.

O município de Borba, a exemplo da maioria dos municípios brasileiros, destina todo o resíduo gerado em sua área urbana para o lixão a céu aberto, distante cerca de três quilômetros da sede do município, no ramal Belo Horizonte (Figura 2), e um quilômetro do aeroporto da cidade, conformando risco à aviação. Essa área tem sido o destino desses resíduos há mais de 10 anos e não se configura como uma área restrita, pois permite o acesso de animais e pessoas ao local.

Figura 2 – Lixão a céu aberto do município de Borba

Fonte: Vistoria DEAMB/UEA 2018.

    Os lixões se caracterizam pela simples descarga sobre o solo, sem critérios técnicos e medidas de proteção ao meio ambiente ou à saúde pública, sendo, assim, considerados inadequados. Os resíduos lançados em lixões acarretam problemas à saúde pública, como a proliferação de vetores de doenças (moscas, mosquitos, baratas, ratos, entre outros), geração de odores desagradáveis e, principalmente, poluição do solo, das águas superficiais e subterrâneas pelo chorume, principalmente quando localizados próximos a cursos d'água, como é o caso de Borba (Figura 3).

Figura 3 – Igarapé nas proximidades da
lixeira no município de Borba

Fonte: Vistoria DEAMB/UEA 2018.

A prefeitura do município é responsável por toda a coleta e destinação dos resíduos gerados na área urbana, sejam estes domésticos, industriais ou hospitalares. A coleta é realizada com uso de modernos caminhões coletores e caçambas, porém toda a destinação final é o lixão, inclusive os resíduos do serviço de saúde (RSS), classificados como perigosos (Figura 4).

Figura 4 – Caminhão coletor (A) e caçamba
(B) utilizados na coleta do lixo

Fonte: Vistoria DEAMB/UEA 2018.

Os resíduos do serviço de saúde (RSS) devem merecer atenção especial em todas as suas fases de manejo (segregação, condicionamento, armazenamento, coleta, transporte, tratamento e disposição final) em decorrência dos imediatos e graves riscos que podem oferecer, por apresentarem componentes químicos, biológicos e radioativos.

De acordo com a RDC ANVISA nº 306/04 e a Resolução CONAMA nº 358/2005, geradores de RSS são todos os serviços relacionados com o atendimento à saúde humana ou animal, inclusive os serviços de assistência domiciliar e de trabalhos de campo; laboratórios analíticos de produtos para a saúde; necrotérios, funerárias e serviços nos quais se realizem atividades de embalsamamento, serviços de medicina legal, drogarias e farmácias (inclusive as de manipulação); estabelecimentos de ensino e pesquisa na área da saúde, centro de controle de zoonoses; distribuidores de produtos farmacêuticos, importadores, distribuidores produtores de materiais e controles para diagnóstico *in vitro*, unidades móveis de atendimento à saúde; serviços de acupuntura, serviços de tatuagem, entre outros similares (BRASIL, 2006).

No município de Borba, também é realizada coleta seletiva, mas sem apoio oficial. São coletadas latas de alumínio e garrafas de vidro, que, depois de ensacadas, têm como destino a cidade de Manaus (Figura 5). De acordo com a Política Nacional de Resíduos Sólidos, a implantação da coleta seletiva é obrigação dos municípios, e as metas referentes à coleta seletiva fazem parte do conteúdo mínimo que deve constar dos planos de gestão integrada de resíduos sólidos dos municípios.

Figura 5 – Garrafas de vidro para venda em Manaus

Fonte: Vistoria DEAMB/UEA 2018.

Considerações finais

A Lei nº 12.305/10, que instituiu a Política Nacional de Resíduos Sólidos – PNRS, contém instrumentos importantes para permitir o avanço necessário ao país no enfrentamento dos principais problemas ambientais, sociais e econômicos decorrentes do manejo inadequado dos resíduos sólidos, com a prevenção e a redução na geração de resíduos, tendo como proposta a prática de hábitos de consumo sustentável e um conjunto de instrumentos para propiciar o aumento da reciclagem e da reutilização dos resíduos sólidos e a destinação ambientalmente adequada dos rejeitos, instituindo a responsabilidade compartilhada dos geradores de resíduos. Entretanto, o panorama atual apresentado nos municípios brasileiros mostra que esta ainda não é uma realidade nacional.

No caso específico do município de Borba, devido à extensão da área do município e toda uma realidade amazônica, em que os rios predominam na paisagem e os acessos e mobilidades requerem uma logística bastante onerosa, essa problemática tem dimensões ainda maiores e, apesar da prefeitura realizar de maneira adequada toda a coleta do lixo gerado na área urbana, sua destinação final ainda é inadequada. Na área rural, que contempla diversas comunidades ribeirinhas ao longo do Rio Madeira, a situação é mais agravante, visto que todo o lixo gerado tem como destino o rio ou a queima, já que não existe o serviço de coleta.

O município de Borba não possui elaborado um plano municipal de gestão integrada de resíduos sólidos que estabeleça apoio estrutural, logístico, financeiro, técnico e orgânico do poder público municipal, visando estimular ações empreendedoras locais voltadas à coleta seletiva, logística reversa, reciclagem e comercialização de material reciclável, bem como à promoção de campanhas educativas, de conscientização ou mesmo de bonificações e prêmios que possam estabelecer envolvimento comprometido de toda a sociedade local com a questão.

O município planeja, desde 2012, estabelecer um aterro sanitário, porém não possui condições financeiras para esse tipo de gerenciamento. Segundo o PLAMSAN, seria economicamente viável o consórcio entre municípios para construção de aterro sanitário para atender uma população de 100.000 habitantes entre sedes de municípios e zona rural.

Como medidas mitigadoras, em curto prazo, sugerem-se: monitoramento da qualidade do solo, ar e águas na área utilizada como lixeira; melhoria e apoio municipal no sistema de coleta seletiva; e investimentos na área de educação ambiental nas escolas e instituições de ensino superior, contribuindo para a qualidade de vida da população local e meio ambiente saudável, direito de todos.

A seguir, apresenta-se uma visão analítica da gestão ambiental dos resíduos sólidos urbanos no município de Borba (Figura 6).

Figura 6 – Visão analítica da gestão de resíduos sólidos no município de Borba/AM

Fonte: Vistoria DEAMB/UEA 2018.

Referências

ASSOCIAÇÃO AMAZONENSE DE MUNICÍPIOS (AAM). *PLAMSAN*. Plano Municipal de Gestão Integrada de Resíduos Sólidos. 2012.

BRASIL. Ministério do Meio Ambiente. *Resolução CONAMA nº 358, de 29 de abril de 2005*. Dispõe sobre o tratamento e a disposição final dos resíduos dos serviços de saúde e dá outras providências.

BRASIL. Ministério da Saúde. Agência Nacional de Vigilância Sanitária. *Manual de gerenciamento de resíduos de serviços de saúde*. Brasília: Ministério da Saúde, 2006.

BRASIL. *Lei nº 11.445, de 5 de janeiro de 2007*. Estabelece diretrizes nacionais para o saneamento básico; altera as Leis nºs 6.766, de 19 de dezembro de 1979, 8.036, de 11 de maio de 1990, 8.666, de 21 de junho de 1993, 8.987, de 13 de fevereiro de 1995; revoga a Lei nº 6.528, de 11 de maio de 1978; e dá outras providências.

BRASIL. *Lei nº 12.305, de 2 de agosto de 2010*. Institui a Política Nacional de Resíduos Sólidos; altera a Lei nº 9.605, de 12 de fevereiro de 1998; e dá outras providências. Disponível em: https://www.mma.gov.br/cidades-sustentaveis/residuos-solidos/politica-nacional-de-residuos-solidos.

INSTITUTO BRASILEIRO DE GEOGRAFIA E ESTATÍSTICA – IBGE. *Pesquisa Nacional de Saneamento Básico 2008*. Rio de Janeiro, 2010.

MARQUES, R. F. P. V. *Impactos ambientais da disposição de resíduos sólidos urbanos no solo e na água superficial em três municípios de Minas Gerais*. Dissertação de Mestrado – Universidade Federal de Lavras: UFLA, 2011.

Informação bibliográfica deste texto, conforme a NBR 6023:2018 da Associação Brasileira de Normas Técnicas (ABNT):

SANSONE, José Luiz *et al*. Panorama da destinação dos resíduos sólidos urbanos no município de Borba/AM. *In*: PINHEIRO, Júlio Assis Corrêa (Coord.). *Resíduos sólidos*: municípios do estado do Amazonas 2019. Belo Horizonte: Fórum, 2022. p. 49-57. ISBN 978-65-5518-328-3.

PANORAMA DA GESTÃO E GERENCIAMENTO DOS RESÍDUOS SÓLIDOS NO MUNICÍPIO DE CAREIRO CASTANHO/AM

JOSÉ LUIZ SANSONE
ANTÔNIO DE LIMA MESQUITA
CARLA SOUZA CALHEIROS
FÁBIO DE SOUSA CARDOSO
JACKLENE BRIGLIA AMOÊDO
JÚLIO ASSIS CORRÊA PINHEIRO
NÁDIA VERÇOSA DE MEDEIROS RAPÔSO
NELIANE DE SOUSA ALVES
RAIMUNDO CLAUDIO DE SOUSA GOMES
REGINA YANAKO MORIYA
RUBELMAR DE AZEVEDO FILHO
VALDETE SANTOS DE ARAÚJO

Introdução

Com a promulgação da Constituição Federal do Brasil em 1988, o saneamento básico passou a ser um direito assegurado a todos, e os municípios tornaram-se detentores da titularidade dos serviços. A Lei nº 11.445, de 5 de janeiro de 2007, define saneamento básico como o conjunto dos serviços, da infraestrutura e das instalações operacionais de abastecimento de água, esgotamento sanitário, limpeza urbana, drenagem urbana, manejos de resíduos sólidos e de águas pluviais. Embora existissem normas que abordavam a temática, até 2010, não havia um instrumento legal que estabelecesse diretrizes gerais aplicáveis aos resíduos sólidos para orientar estados e municípios em sua gestão adequada. Depois de mais de vinte anos de discussões e tramitação no Congresso Nacional, foi aprovada a Lei nº 12.305, de 2 de agosto de 2010, que instituiu a Política Nacional de Resíduos Sólidos – PNRS. A lei abrange todas as classes de resíduos sólidos e estabelece um conceito moderno e avançado de gestão de resíduos, com instrumentos que preveem a hierarquização das atividades e prioridade na prevenção e redução na geração de lixo. A PNRS institui a responsabilidade compartilhada dos geradores de resíduos sólidos, sendo estes os fabricantes, as importadoras, as distribuidoras, os comerciantes, o cidadão e os titulares dos serviços de manejo dos resíduos sólidos urbanos.

A gestão compartilhada dos resíduos sólidos possui os seguintes objetivos: redução da geração dos resíduos sólidos, redução do desperdício de materiais, Redução da poluição, redução dos danos ambientais, estímulo ao desenvolvimento de mercados, produção e consumo de produtos derivados de materiais reciclados e recicláveis.

A disposição final inadequada de RSU é prática comum em todas as regiões. Os locais impróprios ainda são utilizados em 3.331 municípios (59,8%). Em 2016, 1.559 municípios (28%) destinaram seus resíduos para lixões, um número maior do que nos anos anteriores. Frente ao cenário atual de restrição fiscal, as prefeituras sacrificam as ações em curso e novos investimentos.

As variáveis principais de maior relevância para definição da destinação adequada são a densidade populacional e o produto interno bruto (PIB) *per capita*. Assim, quanto mais densa a região, maior o custo do metro quadrado, o que torna menos atrativo o investimento em soluções intensivas em espaço, como o aterro sanitário, que encontra ainda dificuldade em conciliar áreas que atendam simultaneamente aos critérios ambientais e às necessidades das políticas.

Mesmo o país tendo avançado ao apresentar diretrizes semelhantes às de países europeus, não progrediu em sua implementação e pouco investiu no desenvolvimento de uma consciência cidadã sobre a responsabilidade mútua com relação ao lixo. Metas são importantes, mas as propostas pela PNRS não consideraram as diferentes realidades dos municípios e regiões brasileiras, alguns sem estrutura e recursos, tampouco orientaram uma evolução gradual em prazo adequado.

Alguns problemas são comuns a municípios de qualquer porte, como dificuldades financeiras e de acesso a crédito para viabilizar investimentos. No município de Careiro Castanho, a situação não é diferente. Os obstáculos são agravados pela falta de escala para implantação de soluções de aproveitamento econômico, e/ou para a disposição final adequada, e/ou pela baixa capacidade técnica e institucional.

1 Município de Careiro Castanho

O município do Careiro Castanho se estende por 6.091,6 km², está situado às margens do Rio Castanho e localizado na Região Metropolitana de Manaus, no Estado do Amazonas (Figura 1).

O nome do município originou-se da palavra Careiro, que significa caminho do índio, e está vinculado ao traçado do rio que o corta. Sua população, de acordo com estimativas do Instituto Brasileiro de Geografia e Estatística – IBGE, é de 37.869 habitantes em 2019. Tem como municípios limítrofes: Careiro da Várzea, Iranduba e Manaus ao norte; Manaquiri ao oeste; Autazes ao leste; Itacoatiara ao nordeste; e Borba ao sul. O município é dividido em bairros urbanos (Vista Alegre, Nova Esperança, Novo Horizonte, Sebastião Borges, Centro, Bairro Novo e Distrito), bairros rurais (P.A. Panelão e Taquarinha) e distritos (Araçá, Anveres, Janauacá, Mamori e Purupuru), segundo a Biblioteca Virtual do Amazonas.

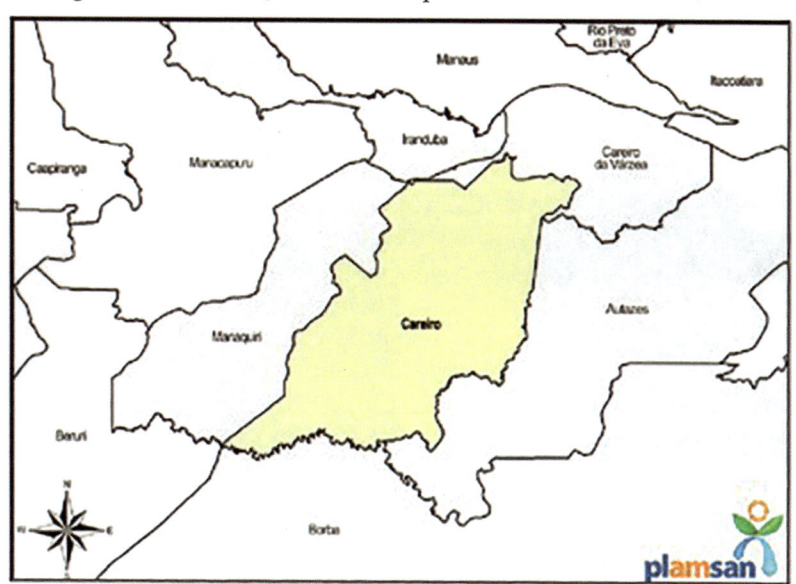

Figura 1 – Localização do município de Careiro Castanho/AM

Fonte: PLAMSAN (2012).

Em 1955, pela Lei nº 99, de 19 de dezembro, deu-se a criação do município com território desmembrado do município de Manaus, constituído por um só distrito e com sede na ex-vila do Careiro, elevada então à categoria de cidade.

2 Resíduos sólidos do município

Como método de pesquisa, foi realizada a pesquisa técnica no lixão a céu aberto para observar a Destinação Final dos Resíduos Sólidos (DRS). O setor responsável é a Secretaria de Obras do Município, setor responsável pela coleta e serviços de limpeza. A pesquisa técnica estendeu-se ao Hospital Deoclécio dos Santos para verificar a geração e destinação dos resíduos sólidos urbanos e rejeitos de saúde, cuja responsabilidade é da Secretaria Municipal de Meio Ambiente.

O referido lixão a céu aberto está localizado a 8,3 km da estrada BR-319 no sentido de Manaus, perto do Igarapé do Calafate. O dito lixão a céu aberto não possui nenhuma cerca de proteção e não possui vigilantes no local, o que permite o acesso de animais, de catadores, assim como dos demais moradores das diversas residências do entorno (Figura 2).

Figura 2 – Lixão a céu aberto, sem nenhuma proteção; próximo a galpão e residências, com acesso de animais e pessoas

Fonte: Vistoria DEAMB/UEA 2018.

O lixão ocupa uma área de aproximadamente um hectare, onde os resíduos ficam dispersos e sem sinalização do espaço, estrutura ou construção de valas.

O município possui uma cooperativa de coleta seletiva com apoio oficial do município, através da ASCARI (fundada em 2010), que transporta para Manaus, toda semana, papelão, latas de alumínio e *pets*, com galpão apropriado pela prefeitura (Figura 3).

Figura 3 – Coleta de latas de alumínio e fardos de papelão

Fonte: Vistoria DEAMB/UEA 2018.

O município realiza a coleta porta a porta para destinar os RSU ao lixão a céu aberto, e essa coleta se dá através de caçamba e caminhão coletor de lixo urbano (Figura 4). A coleta que é feita fora da sede do município tem como destino o rio ou a queima.

Figura 4 – Caminhão coletor de lixo no Careiro Castanho

Fonte: Vistoria DEAMB/UEA 2018.

A coleta hospitalar de resíduos sólidos do hospital em Careiro Castanho é feita por uma empresa de coleta contratada pela prefeitura, porém como destinação final o lixão (Figura 5).

Figura 5 – Hospital do Careiro Castanho e depósito fechado dos resíduos sólidos do hospital

Fonte: Vistoria DEAMB/UEA 2018.

Em maio de 2019, o Ministério Público Federal do Amazonas – MPF-AM ajuizou uma ação civil pública para interromper a manutenção de um "lixão" a céu aberto no município de Careiro Castanho. O local serve para depósito e queima de resíduos sólidos. Segundo o MPF, o "lixão" fere a legislação ambiental e causa danos ao meio ambiente (Figura 6).

Figura 6 – Lixão a céu aberto

Fonte: Vistoria DEAMB/UEA 2018.

As condições do descarte de resíduos no município foram alvos de um inquérito civil instaurado pelo Ministério Público. O órgão afirmou que a prefeitura já havia sido notificada pelo Instituto de Proteção Ambiental do Amazonas (Ipaam), mas não tomou providências para construir um aterro sanitário no município.

O MPF expediu uma recomendação para que a prefeitura do município passasse a cumprir imediatamente a Política Nacional de Resíduos Sólidos, diminuindo o recebimento de resíduos no lixão a céu aberto até a obtenção da licença ambiental junto ao Ipaam para a implantação de um aterro municipal controlado.

Considerações finais

Em razão da falta de planejamento de longo prazo, perde-se a oportunidade de gerar eficiência e reduzir os custos tanto de construção quanto de operação e manutenção dos sistemas. Faltam recursos e não há, na maioria dos municípios, fonte de arrecadação própria, ficando a gestão dos resíduos dependente de recursos federais e estaduais. Ressalta-se que aqueles que têm sistemas próprios de arrecadação para custear a limpeza pública são mais sustentáveis na gestão de resíduos públicos (ISLU, 2016). Com isso, até mesmo municípios que destinam corretamente seus resíduos podem retroceder diante de crises econômicas. Novos investimentos municipais são prejudicados e até os pagamentos dos contratos vigentes são interrompidos.

Mesmo com gastos em custeio proporcionalmente maiores que o investimento, o aterro sanitário é considerado uma das soluções mais baratas para destinação do RSU e predomina como principal modelo adotado pelos municípios brasileiros. Apesar disso, na maioria dos casos não apresenta sustentabilidade financeira.

Visão integrada e de longo prazo, a solução para a erradicação dos lixões não está no aterro. É necessário atuar no processo e na prestação integrada do serviço (coleta e manejo adequado dos resíduos) por meio de contratos seguros, transparentes, com participação social e com metas a serem cumpridas.

A remuneração da empresa deve ser relacionada à qualidade da coleta, não só à quantidade de lixo que destina ao aterro. Para recuperar os investimentos no setor de resíduos sólidos, entre outras medidas, cabe estabelecer planejamento e contratação de longo prazo, de forma a integrar diferentes esferas do poder público e perpassar os ciclos políticos, além de construir relações duradouras entre a administração pública e a iniciativa privada.

Para potencializar o setor de resíduos sólidos, é necessário promover a responsabilidade de cada gerador, e não mais imputar às prefeituras todas as obrigações. Os grandes geradores, por exemplo, deveriam receber algum tipo de cobrança extra ou arcar com os custos da destinação de seus resíduos mediante aplicação do princípio já previsto na PNRS do poluidor-pagador.

Da mesma forma, cabe o efetivo emprego do princípio protetor-recebedor para incentivar economicamente quem protege o meio ambiente.

A seguir, apresenta-se uma visão analítica da gestão ambiental dos resíduos sólidos urbanos no município de Careiro Castanho (Figura 7).

Figura 7 – Visão analítica da gestão de resíduos sólidos no município de Careiro Castanho/AM

GESTÃO DE RESÍDUOS SÓLIDOS

Careiro Castanho
Lixão a céu aberto, próximo do Igarapé do Calafate, distante 8,13km da sede do município na BR319, com acesso sem cercas, próximo a galpão e residências, com acesso de animais e pessoas.

- 20 toneladas de lixos domiciliares/dia
- 300 Kg e lixos Hospitalares/dia
- 60 toneladas de entulhos/dia.

Potenciais geradores de resíduos no município
- Hospital Municipal Heraldo Neves Falcão
- Polo Moveleiro

1. Lixão muito próximo da BR319, e praticamente nas margens do igarapé do Calafate próximo a residências com impacto ambiental altíssimo.

2. Coleta seletiva com apoio oficial do município com transporte para Manaus

3. A coleta de lixo é realizada todos os dias. Entulhos são coletados - tabela elaborada pela Prefeitura do Município, pois, cada bairro tem o mês e o dia

4. Não há catadores no lixão e nenhuma cooperativa ou associação de catadores que coletam recicláveis

5. Encontrou-se uma oficina de sucatas que funciona há mais de 15 anos na parte da frente de uma pequena moradia.

Fonte: Vistoria DEAMB/UEA (2018).

Referências

ABRELPE. *Panorama dos Resíduos Sólidos no Brasil*. 2010.

BESEN, G. R. *Programas municipais de coleta seletiva em parceria com organizações de catadores na Região Metropolitana de São Paulo*: desafios e perspectivas. Dissertação apresentada no programa de pós-graduação da Faculdade de Saúde Pública da Universidade de São Paulo para obtenção de título de Mestre. São Paulo, 2006.

BESEN, G. R.; GÜNTHER, W. M. R.; RODRIGUEZ, A. C.; BRASIL, A. L. Resíduos sólidos: vulnerabilidades e perspectivas. In: SALDIVA P. et al. *Meio Ambiente e Saúde*: o desafio das metrópoles. São Paulo: Editora Ex Libris, 2010. 200 p.

GIACOMETTI, H. C.; TRISTÃO, J. A. M.; TRISTÃO, V. T. V. A tributação do lixo na cidade de São Paulo: uma discussão dos aspectos fiscais e ambientais. *Pesquisa em Debate*, ed. 7, v. 4, n. 2, 2007.

GUNTHER, W. M. R. *Resíduos sólidos no contexto da saúde ambiental*. Texto de sistematização crítica de parte da obra da candidata apresentado ao Departamento de Saúde Ambiental da Faculdade de Saúde Pública da Universidade de São Paulo para a obtenção de título de Professor Livre Docente. Faculdade de Saúde Pública, Universidade de São Paulo. São Paulo, 2008.

JURAS, I. A. G. M.; ARAÚJO, S. M. V. G. *A proposta do executivo para a lei da Política Nacional dos Resíduos Sólidos*. Biblioteca Digital, Câmara dos Deputados. Brasília, 2007.

Informação bibliográfica deste texto, conforme a NBR 6023:2018 da Associação Brasileira de Normas Técnicas (ABNT):

SANSONE, José Luiz et al. Panorama da gestão e gerenciamento dos resíduos sólidos no município de Careiro Castanho/AM. In: PINHEIRO, Júlio Assis Corrêa (Coord.). *Resíduos sólidos*: municípios do estado do Amazonas 2019. Belo Horizonte: Fórum, 2022. p. 59-67. ISBN 978-65-5518-328-3.

PANORAMA DA GESTÃO E GERENCIAMENTO DOS RESÍDUOS SÓLIDOS NO MUNICÍPIO DE CAREIRO DA VÁRZEA/AM

JOSÉ LUIZ SANSONE
ANTÔNIO DE LIMA MESQUITA
CARLA SOUZA CALHEIROS
FÁBIO DE SOUSA CARDOSO
JACKLENE BRIGLIA AMOÊDO
JÚLIO ASSIS CORRÊA PINHEIRO
NÁDIA VERÇOSA DE MEDEIROS RAPÔSO
NELIANE DE SOUSA ALVES
RAIMUNDO CLAUDIO DE SOUSA GOMES
REGINA YANAKO MORIYA
RUBELMAR DE AZEVEDO FILHO
VALDETE SANTOS DE ARAÚJO

Introdução

Segundo Trigueiro (2011), o cenário ambiental brasileiro encontra-se em um processo de percepções e mudanças em busca da integração entre economia, sociedade e meio ambiente, bases do desenvolvimento sustentável. Nesse plano, os volumes de resíduos gerados, das mais diversas naturezas, em áreas urbanas têm crescido, determinando um processo contínuo de deterioração socioambiental. A evolução dos números e sua influência nas esferas econômica, social e ambiental são tão impactantes que Calderoni (2003) chega a questionar a disponibilidade de espaços físicos para a destinação de "tanto lixo". Outro agravante da situação é o fato de que esses resíduos variam de acordo com a sua fonte ou atividade geradora, influenciados por fatores econômicos, sociais, geográficos, educacionais, culturais, tecnológicos e legais.

Segundo Besen *et al.* (2010), a geração de resíduos sólidos está diretamente relacionada ao consumo e à concentração urbana. O consumo cresce devido às melhorias nas condições socioeconômicas, à inovação tecnológica, aos estímulos de campanhas publicitárias e aos padrões de consumo adotados pela sociedade. Já a concentração urbana é um fenômeno global, que acontece desde o século passado, e faz com que as cidades cresçam em detrimento das zonas rurais.

Os profissionais que atuam na gestão de resíduos sólidos focam suas atenções principalmente nos impactos da disposição final. Entretanto, os prejuízos ambientais também estão atrelados ao uso excessivo e ineficiente de matérias-primas (MILANEZ, 2002). Resíduos sólidos, quando gerados em excesso, mal gerenciados ou dispostos de forma precária no ambiente, causam impactos negativos, como poluição (do ar e da água), assoreamento de cursos d'água e represas, contaminação das águas subterrâneas e do solo (BESEN *et al.*, 2010).

Em decorrência da preocupação com a preservação dos recursos naturais e com os danos socioambientais causados pela geração e pela disposição inadequada dos resíduos, foi aprovada, em agosto de 2010, a Lei nº 12.305, que instituiu a Política Nacional de Resíduos Sólidos – PNRS. A PNRS organiza os serviços públicos de limpeza urbana e de manejo dos resíduos, de modo a exigir que gestores públicos e privados tratem com transparência o gerenciamento de seus resíduos, além de apresentar diretrizes e metas para o gerenciamento integrado dos resíduos sólidos urbanos.

Dessa forma, deu-se a vistoria técnica para levantamento de dados sobre as práticas de gestão e gerenciamento de resíduos sólidos do município de Careiro da Várzea, que serão apresentados neste artigo.

1 Município de Careiro da Várzea

Segundo a divisão administrativa do Estado do Amazonas, o município de Careiro da Várzea (Figura 1) está inserido na Mesorregião do Centro Amazonense, que é formada por 30 municípios agrupados em seis microrregiões, sendo Manaus o principal deles. Fazem parte dessa microrregião também os municípios de Autazes, Careiro, Manaquiri, Iranduba, Manacapuru e Manaus.

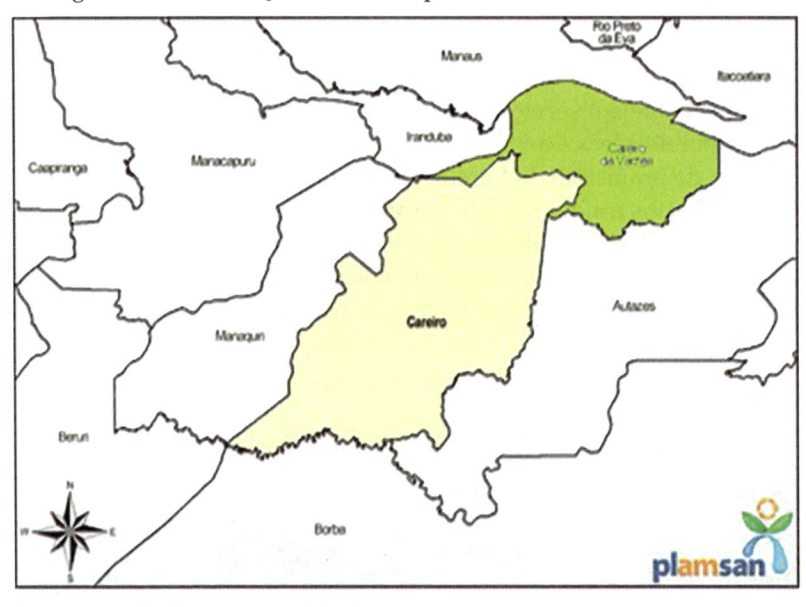

Figura 1 – Localização do município de Careiro da Várzea/AM

Fonte: PLAMSAN (2012).

No Quadro 1, estão apresentados alguns dados de identificação do município de Careiro da Várzea.

Quadro 1 – Identificação do município

Área: 2.631 km².

População: 30.225 hab. *est* IBGE/2019.

Densidade demográfica: 11,49 hab./km².

Localização: 25 km da capital Manaus.

Altitude: 41 m.

Coordenadas geográficas:

- latitude: 03° 13' 15" sul;

- longitude: 59° 49' 33" oeste.

Fonte: Google (2019). Disponível em: https://pt.wikipedia.org/wiki/Careiro_da_V%C3%A1rzea.

2 Resíduos sólidos no município

A pesquisa técnica sobre a Destinação Final dos Resíduos Sólidos (DRS) foi realizada na Secretaria de Obras do Município (setor responsável pela coleta e serviços de limpeza no município), na Secretaria Municipal de Meio Ambiente e na Unidade de Saúde Antônio Maia Barbosa do município de Careiro da Várzea para verificar a geração e destinação dos resíduos sólidos urbanos e rejeitos de saúde.

A prefeitura possui uma embarcação alugada para transporte e depósito de lixo (Figura 2A) e uma balsa de apoio para depósito de resíduos sólidos, que aguarda o transbordo para Manaus (Figura 2B).

Figura 2 – Embarcação alugada (A) e balsa de apoio (B)

Fonte: Vistoria DEAMB/UEA (2018).

Dos municípios visitados, o município de Careiro da Várzea é o único onde não foi identificado o lançamento inadequado dos resíduos nas vias da cidade nem tampouco se constataram lixeiras viciadas. A estratégia adotada pela Secretaria de Obras quanto à limpeza foi disponibilizar dois sacos de ráfia (Figura 3) a cada casa, orientando seus moradores como armazenar adequadamente seus resíduos domiciliares, dispondo-os na frente da moradia no dia correto da coleta.

Figura 3 – Sacos de ráfia doados aos moradores do
município para coleta de resíduos domiciliares

Fonte: Vistoria DEAMB/UEA (2018).

A coleta de resíduos hospitalares, realizada no pronto atendimento da Unidade de Saúde Antônio Maia Barbosa, é feita por empresa contratada pela prefeitura (Figura 4). O destino final dos resíduos é o município de Manaus.

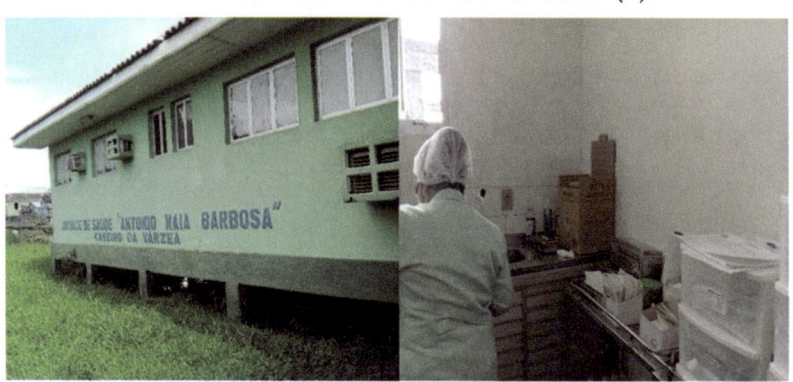

Figura 4 – Unidade de saúde (A) e sala de expurgo
de resíduos sólidos da unidade de saúde (B)

Fonte: Vistoria DEAMB/UEA (2018).

Em função da proximidade com Manaus e por estar, praticamente, a maior parte do período de cheia do rio debaixo do nível da água, não existe lixão no município. Dessa forma, todo o lixo recolhido no município é levado, em caçamba, para a cidade de Manaus, mas, primeiramente, após a coleta, todo o lixo fica acumulado em uma balsa, alugada pela prefeitura, aguardando essa remoção.

A balsa está atracada às margens do Rio Negro, estando com resíduos sólidos que geram chorume, que escorre diretamente para o rio, poluindo as águas (Figura 5). Além disso, pode haver a poluição causada pela incidência da corrosão do casco da balsa.

Figura 5 – Balsa com chorume escorrendo para o rio

Fonte: Vistoria DEAMB/UEA (2018).

Considerações finais

O advento da Política Nacional de Resíduos Sólidos apresentou os grandes desafios dos estados e municípios brasileiros, bem como as práticas de gestão e gerenciamento de resíduos sólidos, o que requer políticas públicas com planos de ações voltados para os problemas socioambientais, econômicos e de saúde pública.

O Panorama dos Resíduos Sólidos no Brasil (2017) destaca que os municípios também são responsáveis por gerenciar um grande volume de resíduos de construção e demolição (RCD) e resíduos de serviços de saúde (RSS), os quais legalmente deveriam estar sob responsabilidade dos respectivos geradores.

Da mesma forma, cabe o efetivo emprego do princípio protetor-recebedor para incentivar economicamente quem protege o meio ambiente. A melhoria do gerenciamento dos resíduos sólidos pode ser impulsionada por parcerias intersetoriais entre as associações de classes (prestadores de serviços, catadores de material reciclável, indústria e comércio) para implantar programas de responsabilidade pós-consumo e de gestão compartilhada.

Além disso, cabem ações de fortalecimento institucional para aumentar a capacidade dos municípios de promover melhorias na gestão do RSU. Com base em políticas públicas, pode ser promovido acesso a linhas de crédito e à assistência técnica a municípios e consórcios municipais, o que pode ser realizado em conjunto com bancos e fundos de desenvolvimento regionais.

Depois de nove anos de PNRS aprovada pelo governo brasileiro, o tema ainda é negligenciado no país. Há a ausência de um plano com medidas e metas mais claras a serem adotadas por estados e municípios.

A seguir, apresenta-se uma visão analítica da gestão ambiental dos resíduos sólidos urbanos no município de Careiro da Várzea (Figura 6).

Figura 6 – Visão analítica da gestão de resíduos sólidos no município de Careiro da Várzea/AM

GESTÃO DE RESÍDUOS SÓLIDOS

MUNICÍPIO DE CAREIRO DA VÁRZEA

Não existe lixão

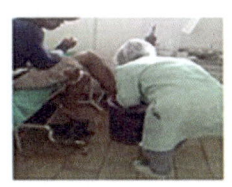

1. O lixo vem em caçamba para Manaus, sendo que após a coleta fica todo o lixo acumulado em balsa alugada pela prefeitura, aguardando a remoção para Manaus.

2. Uma parte dos resíduos alcança um corpo d'água, que pode ser originado de acúmulo de águas pluviais na cava do terreno que serviu de área de empréstimo, ou águas de igarapé das cercanias.

3. Coleta seletiva sem apoio oficial.

4. Coleta de resíduos de hospital e unidade de pronto atendimento feito por empresa de coleta com contrato com a prefeitura, porém a destinação final em Manaus.

Potenciais geradores de resíduos no município
- Hospital Municipal

Fonte: Vistoria DEAMB/UEA (2018).

Referências

ASSOCIAÇÃO AMAZONENSE DE MUNICÍPIOS (AAM). *PLAMSAN*. Plano Municipal de Gestão Integrada de Resíduos Sólidos. 2012.

BESEN, G. R. *Programas municipais de coleta seletiva em parceria com organizações de catadores na Região Metropolitana de São Paulo*: desafios e perspectivas. Dissertação apresentada no programa de pós-graduação da Faculdade de Saúde Pública da Universidade de São Paulo para obtenção de título de Mestre. São Paulo, 2006.

BESEN, G. R.; GÜNTHER, W. M. R.; RODRIGUEZ, A. C.; BRASIL, A. L. Resíduos sólidos: vulnerabilidades e perspectivas. *In*: SALDIVA P. *et al*. *Meio Ambiente e Saúde*: o desafio das metrópoles. São Paulo: Editora Ex Libris, 2010. 200 p.

CALDERONI, S. *Os bilhões perdidos no lixo*. 4. ed. São Paulo: Humanitas/ FFLCH/USP, 2003.

IBGE – INSTITUTO BRASILEIRO DE GEOGRAFIA E ESTATÍSTICA. *Pesquisa Nacional de Saneamento Básico*. Brasil, 2019.

TRIGUEIRO, André. *O novo paradigma ambiental*: mundo sustentável. Rio de Janeiro, 2011.

Informação bibliográfica deste texto, conforme a NBR 6023:2018 da Associação Brasileira de Normas Técnicas (ABNT):

SANSONE, José Luiz *et al*. Panorama da gestão e gerenciamento dos resíduos sólidos no município de Careiro da Várzea/AM. *In*: PINHEIRO, Júlio Assis Corrêa (Coord.). *Resíduos sólidos*: municípios do estado do Amazonas 2019. Belo Horizonte: Fórum, 2022. p. 69-76. ISBN 978-65-5518-328-3.

PANORAMA DA DESTINAÇÃO DOS RESÍDUOS SÓLIDOS URBANOS NO MUNICÍPIO DE COARI/AM

RAIMUNDO CLAUDIO DE SOUSA GOMES
ANTÔNIO DE LIMA MESQUITA
CARLA SOUZA CALHEIROS
FÁBIO DE SOUSA CARDOSO
JACKLENE BRIGLIA AMOÊDO
JOSÉ LUIZ SANSONE
JÚLIO ASSIS CORRÊA PINHEIRO
NÁDIA VERÇOSA DE MEDEIROS RAPÔSO
NELIANE DE SOUSA ALVES
REGINA YANAKO MORIYA
RUBELMAR DE AZEVEDO FILHO
VALDETE SANTOS DE ARAÚJO

Introdução

Este trabalho é resultado de inspeção ambiental referente à gestão e gerenciamento de resíduos sólidos urbanos realizados no município de Coari/AM, em parceria com o TCE/AM, visando verificar se o município, por meio de ações de planejamento e implantação do sistema de gerenciamento dos resíduos sólidos gerados, permite a universalização do mesmo para a população e para o meio ambiente.

O crescimento da população urbana gera aumento da geração dos resíduos sólidos urbanos, se fazendo necessário locais específicos que atendam requisitos para reduzir o potencial da contaminação dos solos, do ar e das águas, superficiais e subterrâneas (MARQUES, 2011).

1 Município de Coari

O município de Coari pertence à Microrregião de Coari, e também fazem parte dessa mesma microrregião os municípios de Anamã, Anori, Beruri, Caapiranga e Codajás. Os municípios limítrofes de Coari são Anorí, Tapauá, Tefé, Maraã e Codajás.

Coari está localizado no Rio Solimões entre o Lago do Mamiá e o Lago de Coari, distante da capital amazonense em linha reta 362,42 km e, por via fluvial, cerca de 421 km. Possui as seguintes coordenadas geográficas:

- Latitude: - 4° 6' 22" sul;
- Longitude: - 63° 3' 21" oeste.

Figura 1 – Localização do município de Coari/AM

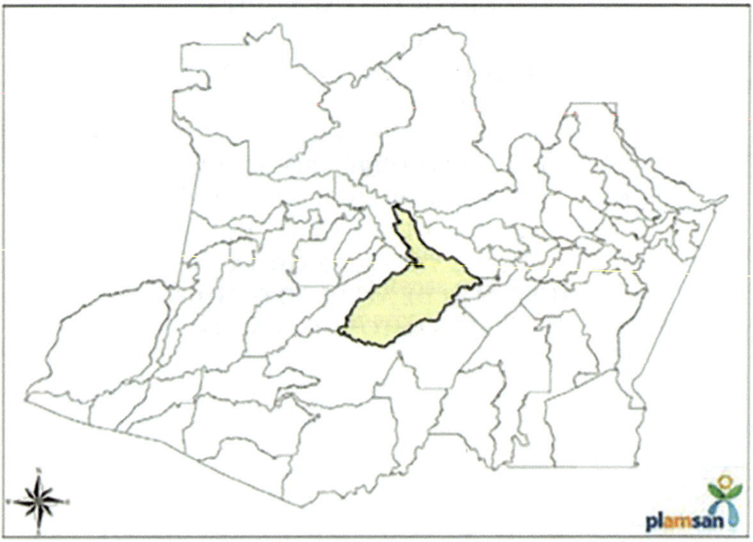

Fonte: PLAMSAN (2012).

Em princípios do século XVIII, o jesuíta Samuel Fritz funda uma aldeia de índios. No ano de 1759, a aldeia é elevada à freguesia. Em 21.05.1854, pela Lei Provincial nº 287, é criado o município de Coari. Na data de 15.11.1890, é instalado o Termo Judiciário de Coari. Em 10.04.1891, é criada a Comarca de Coari, que se instala em 30.06.1891. Em 30.11.1913, pela Lei Estadual nº 741, é suprimida a Comarca de

Coari, ficando seu Termo Judiciário subordinado a Tefé. Em 14.02.1916, pela Lei Estadual nº 844, é reinstalada a Comarca de Coari, ficando seu Termo Judiciário subordinado a Tefé. No entanto, em 07.02.1922, pela Lei Estadual nº 133, é suprimida novamente a comarca. Novamente, em 10.03.1924, pela Lei Estadual nº 122, instaura-se definitivamente a Comarca de Coari. Finalmente, em 02.08.1932, pela Lei Estadual nº 1.665, Coari é elevada à categoria de cidade.

O município, conhecido pela produção de banana, hoje se destaca por produzir petróleo e gás natural, o que ocorre em uma região denominada Urucu. A produção de petróleo gira em torno de 37.500 bbl/d (ANP-2007) e, de gás natural, pode chegar a 16 milhões de m^3/d (ANP-2015).

Outro fato importante é que foi construído um gasoduto que ligou sua província produtora de gás natural ao mercado consumidor localizado em Manaus, com a quantidade contratada de 6 milhões de m^3/d. Ainda nessa produção da área de petróleo e gás, a Petrobras construiu um terminal de GLP que abastece toda a Região Amazônica (ANP-2019).

A área total do município de Coari é de 57.970,768 km^2 (IBGE 2019) e a altitude da sede em relação ao nível do mar é de 40 m. A área da Mesorregião do Centro Amazonense é de 356.347,9 km^2 e a Microrregião de Coari possui área de 111.590,3 km^2, segundo o Anuário Estatístico do Amazonas, Seplan 2009-2010.

A população estimada pelo IBGE é de 85.097 (2019), e o IDHM evoluiu desde 2000 para 0,516 (2010). População em termos de educação é de 86,8% (2010), e a densidade demográfica é de 1,31 hab./km^2 (2010).

Conforme o IBGE (2019), o município apresenta 38% de domicílios com esgotamento sanitário adequado, 69,1% de vias públicas com arborização e 29,7% de urbanização de vias públicas. Conforme a ANP, os valores de *royalties* atingiram em setembro de 2019 o valor de R$1.700.262,00 da produção de julho de 2019.

2 Panorama da destinação dos resíduos sólidos

Em relação à política pública para os resíduos sólidos, a situação do município de Coari não é diferente do resto do país, uma vez que o prazo para que os municípios brasileiros se adequassem à Política Nacional de Resíduos Sólidos (PNRS), em vigor desde 2010, terminou em 2014. Mesmo sendo exigidas por lei, as mudanças para erradicação dos lixões a céu aberto deixaram de ser cumpridas em boa parte das cidades brasileiras; dentre elas, os 61 municípios amazonenses. Apesar do cenário econômico-financeiro diferenciado e tão favorável, Coari apresenta basicamente os mesmos problemas identificados nos demais municípios, tendo sido verificada, durante a inspeção de campo, a existência da infraestrutura abandonada e totalmente degradada de um aterro sanitário construído e que deveria ter entrado em operação no ano de 2006, mas sequer chegou a ser ativado antes de chegar à condição hoje observada.

Uma pesquisa técnica no município de Coari para verificar a Destinação Final dos Resíduos Sólidos (DRS) foi realizada no âmbito do lixão a céu aberto, da Secretaria de Obras do Município (através do setor responsável pela coleta e serviços de limpeza no município), da Secretaria Municipal de Meio Ambiente e do Hospital Regional de Coari no município, onde se verificaram a geração e destinação dos resíduos sólidos urbanos, os rejeitos de saúde e o desenvolvimento das ações do Plano Municipal de Gestão Integrada dos Resíduos Sólidos – PMGIRS.

A figura 2 ilustra, em fotos, a entrada do aterro sanitário abandonado com balança para pesagem dos caminhões coletores antes da descarga do lixo, conforme auditoria ambiental realizada em 2018 pelo Departamento Ambiental do TCE-AM, em parceria com a UEA.

Figura 2 – Entrada do aterro sanitário do município de Coari/AM

Fonte: Vistoria DEAMB/UEA (2018).

A figura 3 ilustra o aterro sanitário com sistema de drenagem, porém abandonado e sem utilização desde 2006.

Figura 3 – Entrada do aterro sanitário do município de Coari/AM

Fonte: Vistoria DEAMB/UEA (2018).

Por sua vez, a menos de mil metros à frente e no mesmo ramal, opera um lixão que, com toda a precariedade que lhe é própria, até mostrou boa acessibilidade, mesmo em dia úmido, quando o visitamos. Uma pequena comunidade de catadores se instalou logo à frente desse local e ali trabalha sem qualquer suporte do poder público municipal.

A figura 4 mostra imagens do lixão estabelecido a 1 km ao lado do terreno destinado ao projeto do aterro sanitário.

Figura 4 – Lixão do município de Coari/AM

Fonte: Vistoria DEAMB/UEA (2018).

Também sem apoio da gestão pública estão as pequenas iniciativas empresariais autônomas, independentes e relativamente exitosas voltadas à coleta, beneficiamento e comercialização de recicláveis, como plásticos e metais de sucatas. Essas iniciativas têm prosperado através do trabalho, investimento financeiro pessoal, desenvolvendo suas atividades de coleta, principalmente na área comercial no centro da sede municipal, em parceria com a comunidade lojista que ali está instalada.

A figura 5 apresenta um galpão para reciclagem de resíduos sólidos de empresário particular com apoio de lojistas da cidade.

Figura 5 – Galpão para reciclagem de resíduos sólidos de empresário particular no município de Coari/AM

Fonte: Vistoria DEAMB/UEA (2018).

Considerações finais

O município de Coari possui um Plano Municipal de Gestão Integrada de Resíduos Sólidos – PMGIRS, porém não implantado ou a implementar. Observou-se o descaso dos governos federal e estadual para a implantação do PMGIRS, bem como completa ausência de apoio estrutural, logístico, financeiro, técnico e orgânico da parte do poder público local, visando ao estímulo de ações empreendedoras voltadas à coleta seletiva, logística reversa, reciclagem e economia circular ou, ainda, de promoção de campanhas educativas, de conscientização ou mesmo de bonificações e prêmios, a fim de estabelecer um envolvimento comprometido de toda a sociedade local às metas socioeconômicas e ambientais relativas a essa temática.

Em função da finalidade dos *royalties* do petróleo serem principalmente destinados à educação e saúde, não vemos a aplicação, mais uma vez, da lei, neste caso para salvaguardar, principalmente, a saúde pública e o meio ambiente.

Figura 6 – Visão analítica da gestão de resíduos sólidos no município de Coari/AM

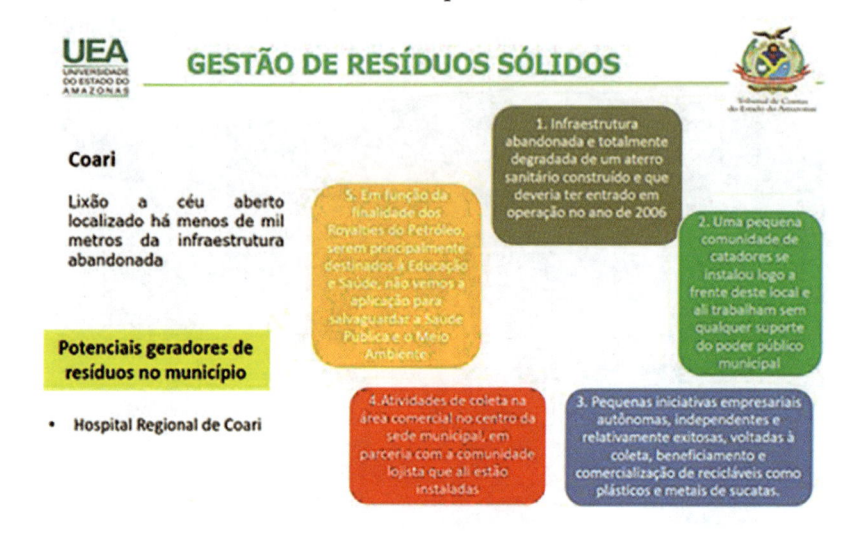

GESTÃO DE RESÍDUOS SÓLIDOS

Coari

Lixão a céu aberto localizado há menos de mil metros da infraestrutura abandonada

Potenciais geradores de resíduos no município

- Hospital Regional de Coari

1. Infraestrutura abandonada e totalmente degradada de um aterro sanitário construído e que deveria ter entrado em operação no ano de 2006

2. Uma pequena comunidade de catadores se instalou logo a frente deste local e ali trabalham sem qualquer suporte do poder público municipal

3. Pequenas iniciativas empresariais autônomas, independentes e relativamente exitosas, voltadas à coleta, beneficiamento e comercialização de recicláveis como plásticos e metais de sucatas.

4. Atividades de coleta na área comercial no centro da sede municipal, em parceria com a comunidade lojista que ali estão instaladas

5. Em função da finalidade dos Royalties do Petróleo, serem principalmente destinados à Educação e Saúde, não vemos a aplicação para salvaguardar a Saúde Pública e o Meio Ambiente

Fonte: Vistoria DEAMB/UEA (2018).

Referências

ANP – AGÊNCIA NACIONAL DE PETRÓLEO. Disponível em: www.anp.org.br. Acesso em: 28 out. 2019.

ASSOCIAÇÃO AMAZONENSE DE MUNICÍPIOS (AAM). *PLAMSAN*. Plano Municipal de Gestão Integrada de Resíduos Sólidos. 2012.

BRASIL. Ministério do Meio Ambiente. Resolução CONAMA nº 358, de 29 de abril de 2005. Dispõe sobre o tratamento e a disposição final dos resíduos dos serviços de saúde e dá outras providências.

BRASIL. Ministério da Saúde. Agência Nacional de Vigilância Sanitária. *Manual de gerenciamento de resíduos de serviços de saúde*. Brasília: Ministério da Saúde, 2006.

BRASIL. *Lei nº 12.305, de 2 de agosto de 2010*. Institui a Política Nacional de Resíduos Sólidos; altera a Lei nº 9.605, de 12 de fevereiro de 1998; e dá outras providências.

INSTITUTO BRASILEIRO DE GEOGRAFIA E ESTATÍSTICA – IBGE. *Pesquisa Nacional de Saneamento Básico 2008*. Rio de Janeiro, 2010.

MARQUES, R. F. P. V. *Impactos ambientais da disposição de resíduos sólidos urbanos no solo e na água superficial em três municípios de Minas Gerais*. Dissertação de Mestrado – Universidade Federal de Lavras: UFLA, 2011.

Informação bibliográfica deste texto, conforme a NBR 6023:2018 da Associação Brasileira de Normas Técnicas (ABNT):

GOMES, Raimundo Claudio de Sousa et al. Panorama da destinação dos resíduos sólidos urbanos no município de Coari/AM. *In*: PINHEIRO, Júlio Assis Corrêa (Coord.). *Resíduos sólidos*: municípios do estado do Amazonas 2019. Belo Horizonte: Fórum, 2022. p. 77-85. ISBN 978-65-5518-328-3.

PANORAMA DA GESTÃO E GERENCIAMENTO DOS RESÍDUOS SÓLIDOS NO MUNICÍPIO DE ITAPIRANGA/AM

RAIMUNDO CLAUDIO DE SOUSA GOMES
ANTÔNIO DE LIMA MESQUITA
CARLA SOUZA CALHEIROS
FÁBIO DE SOUSA CARDOSO
JACKLENE BRIGLIA AMOÊDO
JOSÉ LUIZ SANSONE
JÚLIO ASSIS CORRÊA PINHEIRO
NÁDIA VERÇOSA DE MEDEIROS RAPÔSO
NELIANE DE SOUSA ALVES
REGINA YANAKO MORIYA
RUBELMAR DE AZEVEDO FILHO
VALDETE SANTOS DE ARAÚJO

Introdução

Este trabalho é resultado de inspeção ambiental referente à gestão e gerenciamento de resíduos sólidos urbanos realizados no município de Itapiranga/AM, em parceria com o Tribunal de Contas do Estado do Amazonas – TCE/AM.

Itapiranga é um município localizado na Região Metropolitana de Manaus, no Estado do Amazonas. "Itapiranga" é um termo de origem indígena que significa "pedra vermelha", através da junção dos termos tupi ou do nheengatu *itá* (pedra) e *pyranga* (vermelha) (NAVARRO, 2005).

Itapiranga encontra-se em plena bacia hidrográfica do Rio Amazonas. É banhada tanto pelo Rio Urubu quanto por um dos inúmeros paranás do Rio Amazonas: o chamado Paraná de Itapiranga. Faz fronteira direta com Silves, bem como é próxima de São Sebastião do Uatumã, também é banhada pelo Rio Uatumã em sua margem direita, onde possui diversas comunidades até o limite com Presidente Figueiredo.

Quadro 1 – Identificação do município

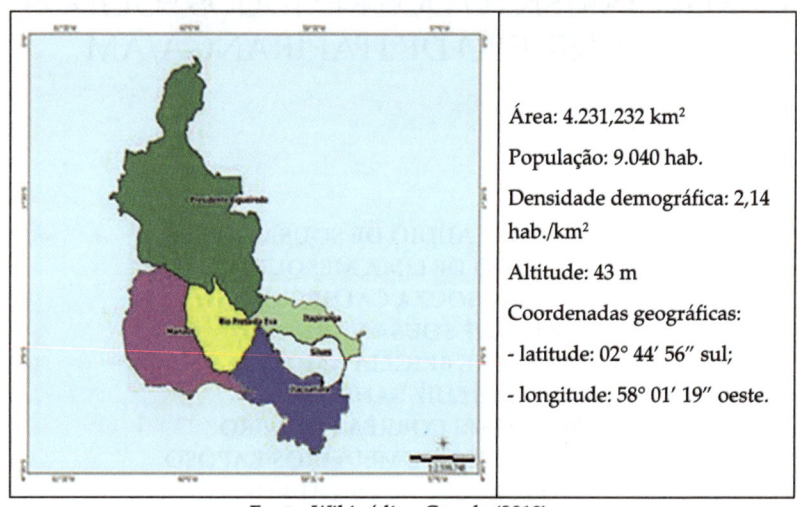

Área: 4.231,232 km²

População: 9.040 hab.

Densidade demográfica: 2,14 hab./km²

Altitude: 43 m

Coordenadas geográficas:

- latitude: 02° 44′ 56″ sul;

- longitude: 58° 01′ 19″ oeste.

Fonte: Wikipédia - Google (2019).

Na figura 1, a seguir, é dado o panorama econômico-financeiro do município de Itapiranga segundo o IBGE. Nela, verifica-se que a receita realizada nesse município, em 2017, é na ordem de apenas 1/3 da receita realizada pelo município de Rio Preto da Eva, nesse mesmo período – isso para uma população mais de 3,5 vezes menor. Entretanto, seu PIB *per capita* é menor, com uma diferença de apenas 1,5. Conforme se pode verificar pela análise dessa figura, a receita do município de Itapiranga é muito baixa, tornando-se um sério obstáculo à provisão de recursos necessários ao atendimento às demandas na área de saneamento e meio ambiente do município.

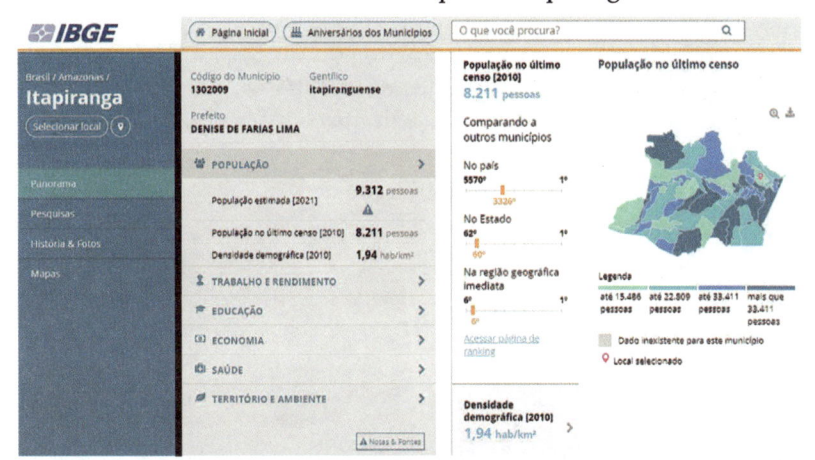

Figura 1 – Tela do site do IBGE com os dados econômicos do município de Itapiranga

Fonte: https://cidades.ibge.gov.br/brasil/am/itapiranga/panorama.

1 Resíduos sólidos

O local onde é realizado o descarte final dos resíduos do município está à beira da estrada de acesso à cidade sede, a menos de 2 km de sua rotatória de entrada (Figura 2). Nele verificamos a precariedade que é própria dos lixões, condição que também foi registrada em fotos, apresentadas adiante.

Figura 2 – Tela com vista de satélite no Google
Maps da cidade de Itapiranga e entorno

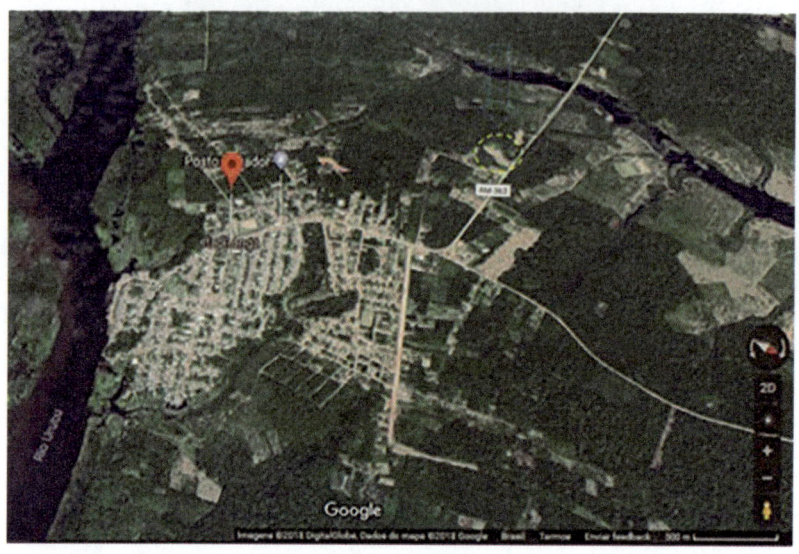

Fonte: Google Maps.

No entorno do lixão, verifica-se a existência de sítios com cultivo de plantações para alimentação, bem como relativa proximidade de um dos braços do Lago de Madrubá. A figura 3, a seguir, permite uma visão pontual da localização do lixão e sua vizinhança mais próxima.

O secretário representante do prefeito declarou que a gestão municipal tem encontrado extrema dificuldade na composição de uma equipe técnica capaz de elaborar projetos e realizar a gestão de resíduos sólidos devido à carência de recursos humanos, tecnicamente qualificados, disponíveis para trabalhar no município.

Figura 3 – Tela com vista de satélite no Google
Maps da cidade de Itapiranga e entorno

Fonte: Google Maps.

A figura 4 mostra o portão do lixão de Itapiranga instalado à margem da rodovia AM-363.

Figura 4 – Imagens do Street View no Google Maps do portão do lixão de Itapiranga instalado à margem da rodovia AM-363

Fonte: Google Maps.

A figura 5 ilustra imagens do lixão retratando a condição atual da destinação final dos resíduos sólidos do município de Itapiranga.

Figura 5 – Fotos do lixão retratando a condição atual da destinação final dos resíduos sólidos do município de Itapiranga

Fonte: Vistoria DEAMB/UEA (2018).

Considerações finais

No ano de 2017, a Prefeitura Municipal de Itapiranga sancionou a Lei nº 273/2017, que dispõe sobre a criação, na Estrutura Organizacional do Município de Itapiranga, da Secretaria Municipal de Limpeza Pública. O art. 2º da referida lei apresenta a competência da Secretaria Municipal de Limpeza Pública, destacando-se as alíneas *a, h, i, j, k* e *p* do inciso I, como segue:

a) implementar a política governamental para o Serviço de Limpeza Pública e as metas e objetivos do Plano Diretor de Resíduos Sólidos;

h) fiscalizar a geração, o acondicionamento, o armazenamento, a utilização, a coleta, o trânsito, o tratamento e o destino final de material radioativo empregado em finalidades de cunho medicinal, de pesquisa e industrial, bem como substâncias, produtos e resíduos em geral, prevenindo seus efeitos sobre a população;

i) participar da elaboração, em articulação com as autoridades competentes, da política ambiental para o Serviço de Limpeza Pública;

j) exercer o poder de polícia no âmbito do Serviço de Limpeza Pública sobre os serviços e as condutas dos operadores e usuários;

k) fazer respeitar as posturas municipais e coibir infrações dos usuários;

l) promover a interação com os demais órgãos reguladores de limpeza pública ou com órgãos municipais, estaduais e federais de natureza ambiental.

Cabe aos gestores do município de Itapiranga buscar superar limitações orçamentárias, da baixa disponibilidade de pessoal qualificado tecnicamente, da baixa densidade demográfica e da infraestrutura precária, e implementar ações para atender a lei estabelecida.

Seguem algumas recomendações, também sugeridas para outros municípios:

- priorizar a destinação de recursos para a implantação dos Planos Municipais de Gestão Integrada de Resíduos Sólidos – PMGIRS;
- divisão dos custos, ou seja, a criação de consórcios intermunicipais para a atualização e implantação dos Planos Municipais de Gestão Integrada de Resíduos Sólidos;
- incentivar estudo para viabilizar a transformação do lixo em energia limpa através da queima dos gases emitidos nos aterros sanitários ou a queima dos próprios resíduos sólidos, diminuição dos impactos causados pela decomposição do lixo (aproveitamento energético);
- aplicação da Logística Reversa e Logística Verde, diminuindo os resíduos sólidos;
- formação e capacitação de catadores e organização de cooperativas.

Figura 6 – Visão analítica da gestão de resíduos sólidos no município de Itapiranga/AM

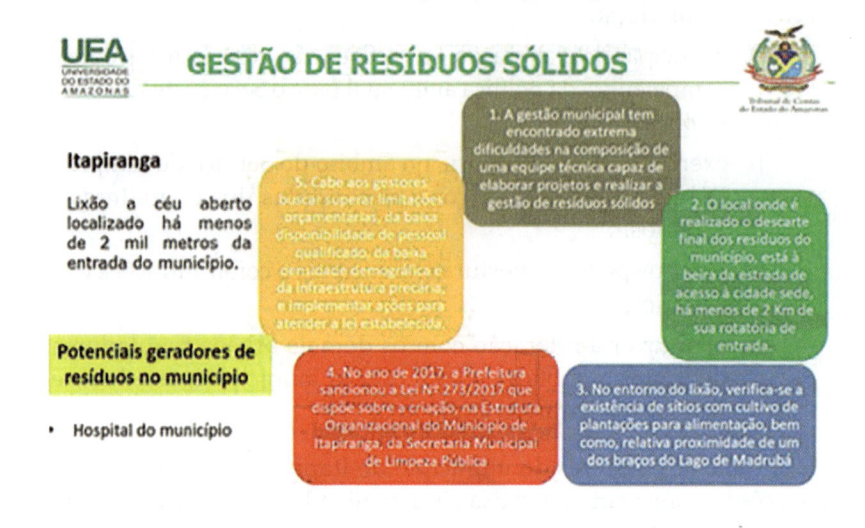

GESTÃO DE RESÍDUOS SÓLIDOS

Itapiranga

Lixão a céu aberto localizado há menos de 2 mil metros da entrada do município.

Potenciais geradores de resíduos no município

- Hospital do município

1. A gestão municipal tem encontrado extrema dificuldades na composição de uma equipe técnica capaz de elaborar projetos e realizar a gestão de resíduos sólidos

2. O local onde é realizado o descarte final dos resíduos do município, está à beira da estrada de acesso à cidade sede, há menos de 2 Km de sua rotatória de entrada.

3. No entorno do lixão, verifica-se a existência de sítios com cultivo de plantações para alimentação, bem como, relativa proximidade de um dos braços do Lago de Madrubá.

4. No ano de 2017, a Prefeitura sancionou a Lei Nº 273/2017 que dispõe sobre a criação, na Estrutura Organizacional do Município de Itapiranga, da Secretaria Municipal de Limpeza Pública.

5. Cabe aos gestores buscar superar limitações orçamentárias, da baixa disponibilidade de pessoal qualificado, da baixa densidade demográfica e da infraestrutura precária, e implementar ações para atender a lei estabelecida.

Fonte: Vistoria DEAMB/UEA (2018).

Referências

NAVARRO, E. A. *Método moderno de tupi antigo*: a língua do Brasil dos primeiros séculos. 3. ed. São Paulo: Global, 2005. 463 p.

Informação bibliográfica deste texto, conforme a NBR 6023:2018 da Associação Brasileira de Normas Técnicas (ABNT):

GOMES, Raimundo Claudio de Sousa *et al*. Panorama da gestão e gerenciamento dos resíduos sólidos no município de Itapiranga/AM. *In*: PINHEIRO, Júlio Assis Corrêa (Coord.). *Resíduos sólidos*: municípios do estado do Amazonas 2019. Belo Horizonte: Fórum, 2022. p. 87-94. ISBN 978-65-5518-328-3.

PANORAMA DA GESTÃO E GERENCIAMENTO DOS RESÍDUOS SÓLIDOS NO MUNICÍPIO DE MANAQUIRI/AM

JOSÉ LUIZ SANSONE
ANTÔNIO DE LIMA MESQUITA
CARLA SOUZA CALHEIROS
FÁBIO DE SOUSA CARDOSO
JACKLENE BRIGLIA AMOÊDO
JÚLIO ASSIS CORRÊA PINHEIRO
NÁDIA VERÇOSA DE MEDEIROS RAPÔSO
NELIANE DE SOUSA ALVES
RAIMUNDO CLAUDIO DE SOUSA GOMES
REGINA YANAKO MORIYA
RUBELMAR DE AZEVEDO FILHO
VALDETE SANTOS DE ARAÚJO

Introdução

Atualmente, o crescimento desenfreado da geração de Resíduos Sólidos Urbanos (RSU) é um dos principais problemas de gestão de resíduos no Brasil. A geração total de RSU no país aumentou 6,8% no ano de 2010, enquanto a geração *per capita* aumentou 5,3% (ABRELPE, 2010). No mesmo ano de 2010, foi promulgada a Política Nacional dos Resíduos Sólidos – PNRS (Lei nº 12.305/2010), a qual se baseou na sustentabilidade, estabelecendo suas diretrizes em: não geração, redução, reutilização e reciclagem.

Para Besen (2006), a chegada da PNRS no ordenamento político brasileiro e sua integração com a Política Nacional do Meio Ambiente e com a Política de Saneamento Básico completam o arcabouço regulatório para propiciar o desenvolvimento da gestão de resíduos no país, porém implicam na necessidade de mudanças nos modelos implantados até o momento.

Cunha e Filho (2002) afirmam que as atividades gerenciais ligadas aos RSU podem ser agrupadas em seis elementos funcionais: geração, acondicionamento, coleta, estação de transferência ou transbordo, processamento e recuperação e disposição final.

Para Amaecing e Ferreira (2008), no sucesso da operação de coleta, é importante o envolvimento dos cidadãos, que devem acondicionar o lixo adequadamente e disponibilizá-lo para a coleta. Segundo Monteiro *et al.* (2001), citados por Simonetto e Borenstein (2006), o primeiro passo para a implantação da coleta seletiva diz respeito à realização de campanhas informativas de conscientização junto à população, convencendo-a da importância da reciclagem e orientando-a sobre a separação adequada.

A utilização de cooperativas de catadores para a realização da coleta seletiva traz vantagens como as abordadas por Monteiro *et al.* (2001): a geração de emprego e renda, o resgate da cidadania dos catadores e a redução de despesas com a coleta, transferência e disposição final dos resíduos separados pelo sistema de limpeza urbana da cidade.

Um dos principais fatores que garantem o sucesso de uma cooperativa de catadores é a boa comercialização dos materiais recicláveis (MONTEIRO *et al.*, 2001). Quanto menos intermediários existirem no processo, maior será a margem obtida pelos catadores. Para tanto, é necessária também uma boa qualidade dos materiais selecionados, escala de produção e de estocagem e regularidade na produção.

De acordo com Martins (2019), o aterro de Manaquiri, que fica localizado no km 7 da rodovia, já começou a danificar o lençol freático da região, com possibilidade de comprometer o solo da cidade também. Afirma ainda que, por conta da existência do lixão nessa área há mais de 10 anos, a contaminação da água do Igarapé já está em estágio avançado.

Nesse contexto, realizou-se a vistoria técnica para levantamento das técnicas e práticas de gestão e gerenciamento de resíduos sólidos do município de Manaquiri, que serão apresentadas neste artigo.

1 Município de Manaquiri

Manaquiri está localizada na região central do Estado do Amazonas (Figura 1). A distância em linha reta da capital é de 60 km, e 67 km via fluvial. A sede do município está localizada à margem do Paraná do Manaquiri, que desemboca no Rio Solimões. Fazem parte da Microrregião os municípios de Autazes, Careiro, Careiro da Várzea, Iranduba, Manacapuru e Manaus.

Figura 1 – Localização do município de Manaquiri/AM

Fonte: PLAMSAN (2012).

No quadro 1, estão apresentados alguns dados de identificação do município de Manaquiri.

Quadro 1 – Identificação do município

	Área: 3.975 km².
	População: 32.105 hab. *est* IBGE/2019;
	Densidade demográfica: 8,08 hab./km².
	Localização: 60 km da capital Manaus.
	Coordenadas geográficas:
	- latitude: 03° 25' 41" sul;
	- longitude: 60° 27' 34" oeste.

Fonte: Google (2019).

2 Resíduos sólidos do município

A pesquisa técnica foi realizada na Secretaria de Obras do Município de Manaquiri, setor responsável pela coleta e serviços de limpeza no município; e na Secretaria Municipal de Meio Ambiente. Observaram-se, ainda, os resíduos hospitalares da UBAS Dr. Alfredo Campos.

O município de Manaquiri não possui aterro sanitário. Desde 2004, possui o lixão a céu aberto (Figura 2), pertencente à prefeitura, que está localizado às margens da rodovia AM-354, a 8,0 km da sede urbana, e com uma área de 800 m². Esse lixão está às margens de um igarapé.

Os serviços de coleta e transporte de resíduos são realizados pela prefeitura, e o seu destino final é um lixão a céu aberto situado na AM-354. Constatou-se que o lixão a céu aberto às margens do rio potencializa a proliferação de vetores de doenças infectocontagiosas.

Verificou-se ainda que uma extensa área da mata, importante elemento na regulação do microclima, do ciclo hidrológico, da manutenção da qualidade dos solos e da biota local, foi assustadoramente devastada (Figura 2), contribuindo para um grande impacto visual nessa área.

Figura 2 – Área do lixão a céu aberto do município
de Manaquiri ao longo da rodovia

Fonte: Vistoria DEAMB/UEA (2018).

Os resíduos são descartados nessa área, simplesmente espalhados e deixados a céu aberto e, às vezes, é usada a prática da queima para diminuir o volume de resíduos (Figura 3).

Essa condição impõe uma drenagem apenas na direção do interior do terreno, onde aparecem poças. Também foi observado que uma parte dos resíduos alcança um corpo d'água, que pode ser originado do acúmulo de águas pluviais na cava do terreno que serviu de área de empréstimo ou águas de igarapé das cercanias.

Figura 3 – Queima na área do lixão a céu aberto
do município de Manaquiri/AM

Fonte: Vistoria DEAMB/UEA (2018).

O município possui coleta seletiva com o apoio da prefeitura, que conta com um galpão para triagem de resíduos sólidos para posterior venda em Manaus (Figura 4).

Figura 4 – Galpão da prefeitura de Manaquiri
para triagem de resíduos sólidos

Fonte: Vistoria DEAMB/UEA (2018).

A coleta do RSU é feita por três caçambas e caminhão coletor, que fazem a remoção para o lixão (Figura 5). As coletas realizadas fora da sede do município têm seus destinos: o rio ou a queima.

Figura 5 – Equipamentos da Prefeitura de
Manaquiri/AM para coleta de RSU

Fonte: Vistoria DEAMB/UEA (2018).

A coleta de resíduos hospitalares, na unidade de pronto atendimento (Figura 6), é feita por empresa contratada pela prefeitura com destinação final para o lixão.

Figura 6 – Coleta de resíduo hospitalar do
município de Manaquiri/AM

Fonte: Vistoria DEAM/UEA (2018).

Considerações finais

São as prefeituras que respondem pela estruturação de estratégias para mobilizar a sociedade a reduzir o volume de resíduos sólidos gerados, aumentar a reciclagem e a reutilização dos resíduos e dar destinação ambientalmente adequada aos rejeitos.

A gestão e o gerenciamento dos resíduos sólidos urbanos em Manaquiri são deficitários, sendo a etapa de destinação final o ponto considerado mais crítico, pois o município destina os resíduos coletados em depósito a céu aberto (lixões), ao longo da rodovia estadual de acesso à cidade, modificando a paisagem e comprometendo os ecossistemas.

Ainda assim, os grandes geradores, por exemplo, deveriam receber algum tipo de cobrança extra ou arcar com os custos da destinação de seus resíduos, mediante aplicação do princípio já previsto na PNRS do poluidor-pagador. A melhoria do gerenciamento dos resíduos sólidos pode ser impulsionada por parcerias intersetoriais entre as associações de classes (prestadores de serviços, catadores de material reciclável, indústria e comércio) para implantar programas de responsabilidade pós-consumo e de gestão compartilhada.

Este estudo revelou que um dos maiores desafios da destinação adequada dos resíduos domiciliares no município é de caráter institucional, destacando-se a necessidade da construção de uma cultura voltada para a preocupação com o meio ambiente pela educação ambiental, promovendo mudanças de valores e hábitos da sociedade.

Os aspectos financeiros relacionados aos serviços de limpeza urbana apresentam-se bastante limitados, principalmente à destinação final. Para que a destinação adequada possa avançar, faz-se extremamente necessária a disponibilização de linhas de financiamento específicas para custear os investimentos demandados, além da instituição de sistemas de cobrança à população que lhe tragam sustentabilidade econômica.

Outra alternativa seria adoção da recomendação do próprio PLAMSAN (2012) de Manaquiri, que estabelece a constituição de consórcios públicos de direito público, de abrangência regional, que terão como objetivo principal a criação de autarquias intermunicipais de gestão de acordo com as bacias hidrográficas.

Para que a reciclagem saia fortalecida, é necessário massificar a separação nos domicílios, a triagem nas centrais e a produção de reciclados. É necessário, ainda, contemplar a participação e o fortalecimento dos núcleos e associações de catadores, realizando acordos com cooperativas ainda não cadastradas. A criação de um ciclo que une empresas, consumidores e mercado, por meio da participação e da corresponsabilização de diversos atores na gestão de resíduos sólidos, faz com que as ações propostas sejam colocadas em prática de forma completa.

Dessa forma, a consolidação de uma cultura ligada à sustentabilidade, aliada a fatores como pressão da sociedade e dos consumidores, mudanças nas políticas públicas e viabilidade econômica para o setor produtivo, pode significar a evolução do tratamento dos resíduos.

A seguir, apresenta-se uma visão analítica da gestão ambiental dos resíduos sólidos urbanos no município de Manaquiri (Figura 7).

Figura 7 – Visão analítica da gestão de resíduos sólidos

Fonte: Vistoria DEAMB/UEA (2018).

Referências

ABRELPE (2010). *Panorama dos resíduos sólidos no Brasil*. São Paulo: Associação Brasileira de Empresas Públicas e Resíduos Especiais.

AMAECING, M. A. P.; FERREIRA, O. M. *Serviços de coleta de lixo urbano na região central de Goiânia*: estudo de caso. Goiânia: Universidade Católica de Goiás – Departamento de Engenharia, 2008. p. 7.

ASSOCIAÇÃO AMAZONENSE DE MUNICÍPIOS (AAM). *PLAMSAN*. Plano Municipal de Gestão Integrada de Resíduos Sólidos. 2012.

BESEN, G. R. *Programas municipais de coleta seletiva em parceria com organizações de catadores na Região Metropolitana de São Paulo*: desafios e perspectivas. Dissertação apresentada no programa de pós-graduação da Faculdade de Saúde Pública da Universidade de São Paulo para obtenção de título de Mestre. São Paulo, 2006.

BRASIL. Congresso Nacional. *Lei nº 12.305 de 2 de agosto de 2010 (Política Nacional de Resíduos Sólidos)*. Brasília, DF. 2010. Disponível em: http://www.planalto.gov.br. Acesso em: 05 out. 2018.

CALDERONI, S. *Os bilhões perdidos no lixo*. 4. ed. São Paulo: Humanitas/ FFLCH/USP, 2003.

CUNHA, V.; C. FILHO, J. V. Gerenciamento da coleta de resíduos sólidos urbanos: estruturação e aplicação de modelo não-linear de programação por metas. *Gestão e produção*, v. 9, n. 2, ago. 2002, p. 143-161.

MONTEIRO, J. H. P. et al. *Manual de gerenciamento integrado de resíduos sólidos*. Rio de Janeiro: Ibam, 2001.

SIMONETTO, E. O.; BORENSTEIN, D. Gestão operacional da coleta seletiva de resíduos sólidos urbanos – abordagem utilizando um sistema de apoio à decisão. *Gestão e produção*, v. 13, n. 3, set./dez. 2006, p. 449-461.

Informação bibliográfica deste texto, conforme a NBR 6023:2018 da Associação Brasileira de Normas Técnicas (ABNT):

SANSONE, José Luiz et al. Panorama da gestão e gerenciamento dos resíduos sólidos no município de Manaquiri/AM. *In*: PINHEIRO, Júlio Assis Corrêa (Coord.). *Resíduos sólidos*: municípios do estado do Amazonas 2019. Belo Horizonte: Fórum, 2022. p. 95-104. ISBN 978-65-5518-328-3.

CARACTERIZAÇÃO DA DESTINAÇÃO DOS RESÍDUOS SÓLIDOS URBANOS NO MUNICÍPIO DE MAUÉS/AM

JACKLENE BRIGLIA AMOÊDO
ANTÔNIO DE LIMA MESQUITA
CARLA SOUZA CALHEIROS
FÁBIO DE SOUSA CARDOSO
JOSÉ LUIZ SANSONE
JÚLIO ASSIS CORRÊA PINHEIRO
NÁDIA VERÇOSA DE MEDEIROS RAPÔSO
NELIANE DE SOUSA ALVES
RAIMUNDO CLAUDIO DE SOUSA GOMES
REGINA YANAKO MORIYA
RUBELMAR DE AZEVEDO FILHO
VALDETE SANTOS DE ARAÚJO

Introdução

Esta pesquisa é resultado da vistoria ambiental, realizada no município de Maués/AM e em parceria com o Tribunal de Contas do Estado do Amazonas – TCE/AM, referente à caracterização dos resíduos sólidos urbanos. Seu objetivo foi verificar a situação atual do município em relação ao cumprimento da Lei Federal nº 12.305/10, que institui a Política Nacional de Resíduos Sólidos – PNRS, preconizada no Plano Estadual de Resíduos Sólidos do Amazonas – PERS-AM (SEMA, 2015).

Como fruto da parceria com a Associação Amazonense de Municípios – AAM, por meio do Termo de Convênio nº 001/2011, foi criado o Programa de Apoio à Elaboração dos Planos Municipais de Saneamento e de Gestão Integrada de Resíduos Sólidos dos Municípios do Estado do Amazonas – PLAMSAN, coordenado pela AAM, que visou à elaboração simultânea dos Planos Municipais de Saneamento Básico e dos Planos de Gestão Integrada dos Resíduos Sólidos de 59 municípios amazonenses.

Como determina a Lei Federal nº 12.305, em seu art. 17, o Plano Estadual de Resíduos Sólidos (BRASIL, 2010) contemplou metas quantitativas para as quais foram desenvolvidos programas e ações. Essas metas foram norteadas pelas diretrizes e prazos estabelecidos na Política Nacional de Resíduos Sólidos, pelo PLAMSAN e pelos acordos setoriais para a logística reversa assinados (PLAMSAN, 2012). O primeiro prazo determinado para a extinção dos lixões se esgotou em 02 de agosto de 2014, e o Estado do Amazonas, até a atualidade, não cumpriu esse acordo.

Os resíduos sólidos urbanos coletados em todo o Estado do Amazonas estão concentrados em mais de 74% na RMM. Manaus, com 65,5% da população urbana do estado, participa com 65,5% dos resíduos domiciliares coletados, ou seja, 1.718 toneladas domiciliares por dia para um total estadual de 2.621,30 toneladas domiciliares diárias (SEMA, 2015).

O município de Maués localiza-se na microrregião de Parintins (010, segundo a classificação do IBGE), mesorregião do Centro Amazonense (03, segundo a classificação do IBGE), na região do Estado do Amazonas identificada pela Constituição Estadual como Médio Amazonas, área leste do estado, fazendo uma extensa fronteira territorial com o Estado do Pará, entre os rios Madeira e Tapajós (latitude 3º 23' S e longitude 57º 43' W) (Figuras 1 e 2).

A sede do município dista de Manaus, capital do Estado, cerca de 270 km em linha reta, equivalente a 45 minutos por via aérea e a 356 km por via fluvial, equivalente a 16 a 18 horas de barco recreio. Com área de 39.988 km² de extensão (cerca de 2,54% da área total do estado), o município dispõe de uma rica e diversa cobertura florestal e numerosos corpos hídricos que entrecortam o seu território, que vão desde pequenos igarapés ao Rio Maués-Açu, que banha a sede municipal, cuja nascente principal compartilha o divisor de águas com a bacia do Rio Tapajós, no Estado do Pará. Limita-se ao norte com os municípios de Boa Vista do Ramos, Barreirinha e Urucurituba; ao sul com o município de Apuí; a leste com o Estado do Pará; e a oeste com os municípios de Borba, Nova Olinda do Norte e Itacoatiara.

O município de Maués abriga uma população de 63.905 habitantes, conforme IBGE 2019, dos quais 30.836 (50,83%) residem na área urbana. A área rural do município é composta de 216 comunidades, sendo 172 ocupadas por não índios e 44 por indígenas da etnia Saterê-Mawé, composta por cerca de 5.000 indígenas (IBGE, 2010).

Figura 1 – Localização do Estado do Amazonas

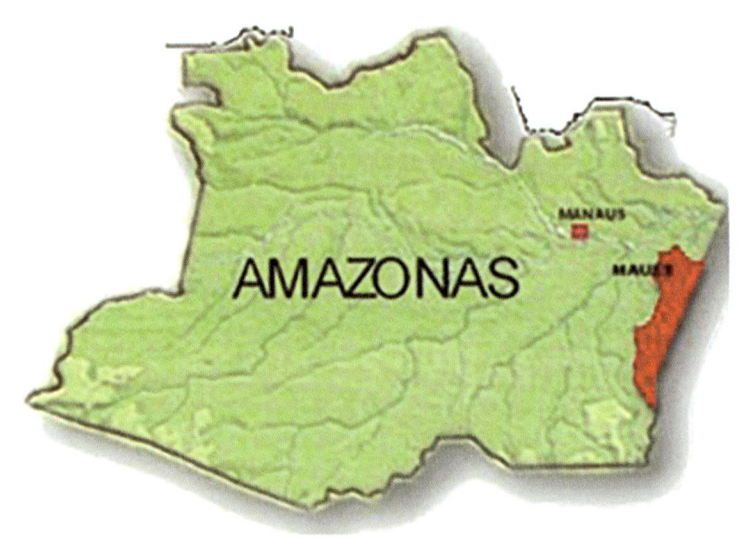

Figura 2 – Localização do município de Maués

A economia do município de Maués baseia-se no setor primário, principalmente através da agricultura, com o cultivo do guaraná (o município exporta cerca de 300 toneladas por ano). A pecuária e a pesca são atividades pouco desenvolvidas no município, mas podem se apresentar como alternativas de fonte de renda. A indústria agroalimentícia (guaraná) é ponto forte no setor secundário, junto com indústrias moveleiras. O setor terciário está voltado para o turismo, comércios e prestação de serviços (hotéis e restaurantes).

1 Panorama da destinação dos resíduos sólidos

A gestão municipal da limpeza urbana e disposição final dos resíduos sólidos de Maués é realizada pela Secretaria Municipal de Obras e Serviços Públicos de Maués – SEMOSP.

O diagnóstico da Destinação dos Resíduos Sólidos (DRS) foi realizado no âmbito do lixão a céu aberto, no Hospital Raimunda Francisca Dinelly da Silva e no Matadouro Municipal de Maués Joaquim de Souza Mafra, que também é potencial gerador de resíduos (carcaças, couro), para verificar a geração e destinação dos resíduos sólidos urbanos e rejeitos de saúde.

O lixão de Maués possui área de 10,24 ha, localiza-se no km 3 da estrada Maués-Mirim, com as coordenadas geográficas S 03° 22′ 24.53″ e W 57° 41′ 52.39″, e tem acesso por via não pavimentada, onde, ao decorrer da estrada, se encontram vazadouros. A área possui topografia plana, com um igarapé ao lado do lixão; ao redor, existe vegetação secundária em processo de sucessão natural e uma comunidade rural. O lixo é depositado a céu aberto, em terreno totalmente saturado, onde são depositados todos os tipos de RSU, inclusive os de saúde, carcaças e couro de animais, sem tratamento adequado ou mesmo sem cobertura (Figura 3).

Figura 3 – Imagem de satélite do lixão a céu
aberto no km 3 da estrada Maués-Mirim

Fonte: Google Maps (2019).

A Secretaria de Obras é a responsável total pela coleta e limpeza da cidade. Foi possível perceber, durante a pesquisa, a fragilidade em relação à coleta dos resíduos sólidos em decorrência da irregularidade no cronograma de coleta, visto que a frota de transporte não é adequada nem suficiente para coletar os resíduos e, tampouco, para atender os serviços que são específicos da Secretaria de Obras, tornando este um problema sério de gestão administrativa.

O acesso ao lixão é extremamente perigoso devido ao solo argiloso. Inclusive, o carro coletor e o caminhão chegam a ficar atolados no local, necessitando de guincho para serem removidos. Mesmo assim, as pessoas entram no lixão para catação de plástico, latas etc. No local, não existe guarita nem vigilância fixa (Figura 4).

Figura 4 – Carros tipo caçamba e coletor de resíduos

Fonte: Arquivo de pesquisa técnica TCE/UEA em Maués, 2018.

No terreno do lixão a céu aberto, por estar localizado próximo à cidade, há presença constante de catadores de lixo, moradores e comerciantes que jogam frequentemente, por toda a estrada de acesso ao lixão, todo tipo de resíduo doméstico, comercial, hospitalar e resíduos de animais abatidos no matadouro (Figura 5).

A área de disposição final de resíduo de Maués está localizada a aproximadamente 3 km do aeródromo do município, ficando, assim, dentro da margem de 13 km da Área de Segurança Aeroportuária – ASA, devido, principalmente, à presença de urubus-de-cabeça-preta; por esse motivo, o local pode oferecer risco de colisões às aeronaves.

Figura 5 – Resíduos de todo tipo misturados no lixão e espalhados por toda a estrada de acesso; intensa quantidade de chorume por todo o lixão; presença marcante de urubus e cachorros

Fonte: Arquivo de pesquisa técnica TCE/UEA em Maués, 2018.

Atualmente, não existe programa de coleta seletiva. A associação comercial local compra dos catadores o material plástico coletado para a reciclagem e, desse material, são fabricadas diariamente 130 vassouras de plástico (*pet*), as quais são vendidas em pequena escala para outros locais dentro do município e estados. A associação não fabrica vassouras em maiores quantidades porque não existe local para armazenar o material reciclável, como também não há matéria-prima suficiente para reciclar em grande escala (Figura 6). Em média, acumulam-se três toneladas por mês de plásticos, que são escoados para Manaus por meio de balsas.

Figura 6 – Associação comercial de produção de vassouras de plásticos (pet) em Maués

Fonte: Arquivo de pesquisa técnica TCE/UEA em Maués, 2018.

Considerações finais

O aterro sanitário de Maués não teve suas obras finais concluídas e, por isso, nunca entrou em operação. Ele possui uma sobrevida de 15 anos, e o município vive na expectativa de sua implantação.

O chorume está presente em diversos pontos, e há lixo espalhado pelas duas estradas de acesso ao lixão. Misturados ao lixo comum, os resíduos de saúde, com caixas de remédio, seringas e luvas; resíduos do matadouro, com carcaças e couro; e do comércio local, como lâmpadas e caixas de papelão, também têm como destinação final o lixão. Todos esses resíduos e sua forma de disposição final são potenciais causadores de danos ambientais, atingindo diretamente e contaminando os igarapés, bem como danos à saúde pública, principalmente as pessoas que frequentam diariamente o lixão.

Em cumprimento à Lei Federal nº 12.305/2010 e pela Lei nº 239/14, foi aprovado pela Câmara Municipal de Maués/AM o Plano Municipal de Gestão de Resíduos Sólidos – PMGIRS, com a participação da população.

As atividades estabelecidas na sua totalidade serão implementadas, inclusive, com programas de educação ambiental.

A disposição final ambientalmente segura no município de Maués ainda precisa de muito planejamento, projetos e investimentos para a sua implementação e o atingimento da meta de encerramento do lixão.

Figura 7 – Visão analítica da gestão de resíduos sólidos no município de Maués/AM

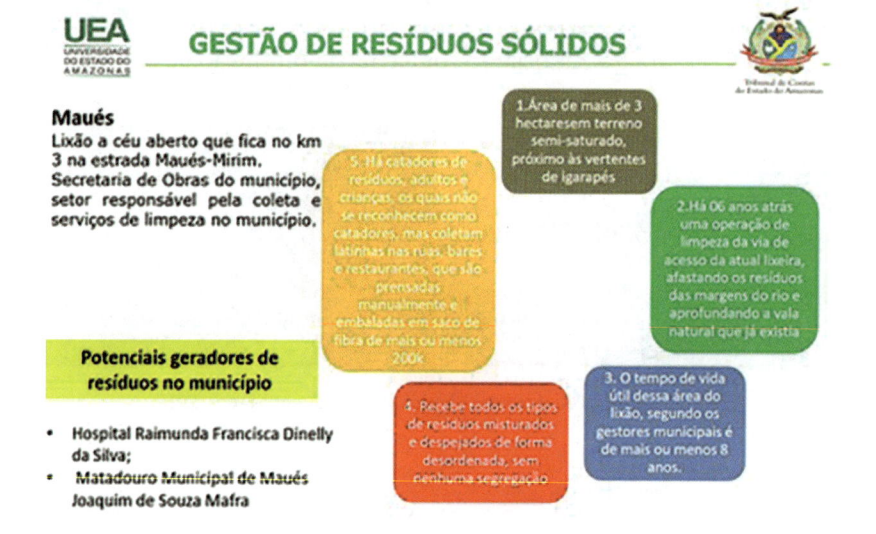

GESTÃO DE RESÍDUOS SÓLIDOS

Maués
Lixão a céu aberto que fica no km 3 na estrada Maués-Mirim. Secretaria de Obras do município, setor responsável pela coleta e serviços de limpeza no município.

Potenciais geradores de resíduos no município
- Hospital Raimunda Francisca Dinelly da Silva;
- Matadouro Municipal de Maués Joaquim de Souza Mafra

1. Área de mais de 3 hectares em terreno semi-saturado, próximo às vertentes de igarapés

2. Há 06 anos atrás uma operação de limpeza da via de acesso da atual lixeira, afastando os resíduos das margens do rio e aprofundando a vala natural que já existia

3. O tempo de vida útil dessa área do lixão, segundo os gestores municipais é de mais ou menos 8 anos.

4. Recebe todos os tipos de resíduos misturados e despejados de forma desordenada, sem nenhuma segregação

5. Há catadores de resíduos, adultos e crianças, os quais não se reconhecem como catadores, mas coletam latinhas nas ruas, bares e restaurantes, que são prensadas manualmente e embaladas em saco de fibra de mais ou menos 200k

Fonte: Vistoria DEAMB/UEA (2018).

Referências

ASSOCIAÇÃO AMAZONENSE DE MUNICÍPIOS (AAM). *PLAMSAN*. Plano Municipal de Gestão Integrada de Resíduos Sólidos. 2012.

BRASIL. *Lei nº 12.305, de 2 de agosto de 2010*. Institui a Política Nacional de Resíduos Sólidos; altera a Lei nº 9.605, de 12 de fevereiro de 1998; e dá outras providências. Disponível em: https://www.mma.gov.br/cidades-sustentaveis/residuos-solidos/politica-nacional-de-residuos-solidos.

INSTITUTO BRASILEIRO DE GEOGRAFIA E ESTATÍSTICA – IBGE. *Pesquisa Nacional de Saneamento Básico 2008*. Rio de Janeiro, 2010.

SEMA. *Plano estadual de resíduos sólidos do Amazonas*. Manaus: SEMA, 2015. 733 p. Il.

Informação bibliográfica deste texto, conforme a NBR 6023:2018 da Associação Brasileira de Normas Técnicas (ABNT):

AMOÊDO, Jacklene Briglia et al. Caracterização da destinação dos resíduos sólidos urbanos no município de Maués/AM. In: PINHEIRO, Júlio Assis Corrêa (Coord.). Resíduos sólidos: municípios do estado do Amazonas 2019. Belo Horizonte: Fórum, 2022. p. 105-113. ISBN 978-65-5518-328-3.

PANORAMA DA GESTÃO E GERENCIAMENTO DOS RESÍDUOS SÓLIDOS NO MUNICÍPIO DE NHAMUNDÁ/AM

JACKLENE BRIGLIA AMOÊDO
ANTÔNIO DE LIMA MESQUITA
CARLA SOUZA CALHEIROS
FÁBIO DE SOUSA CARDOSO
JOSÉ LUIZ SANSONE
JÚLIO ASSIS CORRÊA PINHEIRO
NÁDIA VERÇOSA DE MEDEIROS RAPÔSO
NELIANE DE SOUSA ALVES
RAIMUNDO CLAUDIO DE SOUSA GOMES
REGINA YANAKO MORIYA
RUBELMAR DE AZEVEDO FILHO
VALDETE SANTOS DE ARAÚJO

Introdução

A geração de resíduos sólidos é um dos problemas ambientais mais debatidos atualmente em nível nacional e internacional. Os problemas gerados pelo descarte inadequado de lixo urbano são múltiplos e, geralmente, evidentes. Na maioria dos casos, eles ocasionam sérios impactos ambientais, que se configuram em questão sanitária de risco à saúde pública.

Segundo a Organização das Nações Unidas (ONU), em 2010, a geração de resíduos no mundo era de 12 bilhões de toneladas/ano, volume previsto a aumentar, até 2020, para 18 bilhões de toneladas/ano.

No Brasil, em 2010 o volume de resíduos sólidos gerados foi de 60 milhões de toneladas/ano, 6,8% superior ao ano anterior, conforme levantamento realizado pela Associação Brasileira de Empresas de Limpeza Pública e Resíduos Especiais – ABRELPE.

Devido aos problemas ambientais, à preocupação com a preservação dos recursos naturais e com os danos socioambientais causados pela geração e à disposição inadequada dos resíduos cada vez mais crescentes no Brasil, foi aprovada a Lei nº 12.305 em 02 de agosto de 2010, que institui a Política Nacional de Resíduos Sólidos – PNRS, regulamentada pelo Decreto nº 7.404/10, que obriga a elaboração do Plano Municipal de Gestão Integrada de Resíduos Sólidos – PMGIRS até agosto de 2012 e a implantação de aterros sanitários até o ano de 2014, prazos estes esgotados e prorrogados.

1 Município de Nhamundá

Quadro 1 – Identificação do município

	Área: 14.106 km²
	População: 18.474 hab. est. IBGE/2009
	Densidade demográfica: 1,46 hab./km²
	Localização: 375 km, em linha reta de Manaus
	Altitude: 50 m
	Coord. geográficas:
	- latitude: 03° 11' 10" sul;
	- longitude: 56° 42' 47" oeste.

Fonte: Wikipédia - Google (2019).

O município de Nhamundá pertence à Mesorregião do Centro Amazonense e Microrregião de Parintins, e está localizado à margem direita da bacia hidrográfica do Rio Nhamundá. Em 19 de dezembro de 1955, pela Lei Estadual nº 96, o distrito de Ilha das Cotias é desmembrado de Parintins e passa a constituir o município autônomo de Nhamundá. Em 31 de janeiro de 1956, foi instalado o município de Nhamundá.

2 Resíduos sólidos no município

A vistoria técnica sobre a Disposição dos Resíduos Sólidos (DRS) e seus impactos ambientais no município de Nhamundá foi realizada no âmbito da área ribeirinha onde fica a balsa depositora (ponta do antigo aeroporto); da área do lixão a céu aberto, que fica na Serra do Matió (área que pertence ao atual aeroporto, a 6 km de distância); do Hospital Col. Pedro Macedo e de duas UBSs urbanas da Empresa de Coleta de Lixo (J.F. Castro); do Matadouro e do Mercado Municipal para verificar a geração e destinação dos resíduos sólidos urbanos e rejeitos de saúde e o desenvolvimento das ações ambientais conforme o Plano Municipal de Gestão Integrada dos Resíduos Sólidos – PMGIRS existente.

A unidade de destinação final, reconhecida como lixão a céu aberto, onde os RSU do município são depositados, fica localizada a 14 (quatorze) km da sede municipal, na Serra do Matió, e existe há quase oito anos.

Essa área do lixão a céu aberto não é licenciada, abrange um terreno de aproximadamente 7 ha e não possui cercamento. Na sua primeira fase, nessa mesma área do atual lixão, os resíduos eram depositados de maneira desordenada e bem próximos à margem do Rio Nhamundá. Hoje, essa área é de fácil acesso, e os resíduos mais antigos encontram-se recobertos por vegetação verde rasteira (Figura 1).

Figura 1 – Acesso ao lixão, na Serra do Matió; recobertura de vegetação verde rasteira, dos resíduos depositados na primeira fase do lixão.

Fonte: Vistoria técnica TCE/UEA em Nhamundá, 2018.

Segundo informações do responsável pela empresa de coleta de lixo e limpeza do município de Nhamundá, há 6 anos foi realizada uma operação de desobstrução da via de acesso da atual área do lixão a céu aberto, afastando os resíduos das margens do rio e aprofundando a vala natural que já existia. Os resíduos foram empurrados para o interior do lixão, formando-se uma trincheira limítrofe com a mata nativa, e a vala ficou com mais de três metros de profundidade, numa área de quase 70.000 m², distante cerca de 250 m das margens do rio (Figura 2).

Figura 2 – Lixão na Serra do Matió; diferentes tipos de resíduos misturados, inclusive entulho e lixo hospitalar

Fonte: Vistoria técnica TCE/UEA em Nhamundá, 2018.

O tempo de vida útil dessa área do lixão, segundo seus gestores municipais, é de mais ou menos oito anos. Esse local, caracterizado como lixão a céu aberto, recebe todos os tipos de resíduos, que são misturados e despejados de forma desordenada, sem nenhuma segregação. A presença de urubus, moscas ou qualquer espécie animal na área desse lixão a céu aberto é inexistente devido aos urubus se alimentarem desse lixo, que vai praticamente limpo e seco para o lixão.

De acordo com a lei, os resíduos sólidos urbanos abrangem apenas os resíduos domiciliares, oriundos de atividades domésticas, e resíduos de limpeza urbana (varrição, limpeza de logradouros e vias públicas). A disposição final de resíduos em vazadouros a céu aberto ou lixões e em aterros controlados é inadequada, pois o lixo depositado diretamente no solo sem o processo de impermeabilização e sem nenhum tratamento, ainda que haja cobertura com terra ou argila, causa riscos à saúde pública e impactos ao meio ambiente. Apenas a distribuição ordenada de rejeitos em aterros sanitários é considerada ambientalmente adequada.

A balsa de ferro que acondiciona os resíduos coletados na cidade (entulhos, metais, inclusive hospitalar), sem nenhum tipo de segregação, fica ancorada na margem do Rio Nhamundá, próximo à moradia de ribeirinhos, por um período de duas ou mais semanas, para depois transportar os resíduos até o lixão (Figura 3). Durante esse período de acondicionamento do lixo, urubus e outros animais (cachorro, galinha, porco) se alimentam desse lixo em estado de combustão e decomposição.

O transporte desses resíduos até o lixão a céu aberto na Serra do Matió é inadequado, arriscado e extremamente demorado, pois é feito por meio dessa balsa totalmente deteriorada, que não tem a mínima condição de continuar realizando tais serviços sem oferecer riscos à saúde pública e ao meio ambiente.

Figura 3 – Margem do Rio Nhamundá, na cabeceira do antigo aeroporto da cidade; balsa, sem a menor condição de uso, que acondiciona e transporta os resíduos da cidade

Fonte: Arquivo de pesquisa técnica TCE/UEA em Parintins, 2018.

Para se adequar às determinações legais da PNRS, não basta a destinação adequada dos resíduos gerados no município. Está determinado em seu art. 9º, na ordem de prioridades no gerenciamento dos resíduos sólidos: não gerar, reduzir, reutilizar, reciclar, tratar e destinar corretamente os resíduos sólidos (BRASIL, 2010). Desse modo, cada município deve elaborar seu Plano Municipal de Gestão Integrada de Resíduos Sólidos – PMGIRS, buscando mecanismos que resultem na redução da geração dos resíduos por meio de uma educação ambiental continuada em todos os níveis educacionais, de ações ambientais sustentáveis pelos órgãos municipais, instituições privadas e a sociedade de modo geral.

O quadro de trabalhadores dos serviços de limpeza urbana no município é mínimo, composto por auxiliares, varredores, operadores de máquinas, coletores, motoristas e encarregados dos serviços.

O município não possui serviço de coleta de resíduos de saúde especializado, sendo estes transportados em caminhão e depositados na balsa de forma comum com os demais resíduos. Não há, até o momento, controle das atividades de agentes privados transportadores e receptores de resíduos de construção civil e sucateiros. A coleta seletiva é praticamente inexistente em Nhamundá. Há catadores de resíduos, adultos e crianças, os quais não se reconhecem como catadores, mas coletam latinhas nas ruas, bares e restaurantes. Esse material é prensado manualmente, embalado em saco de fibra de mais ou menos 200 kg e segue por meio de balsa até Manaus, uma vez por semana. Segundo informações do gestor ambiental, semestralmente, cerca de cinco toneladas de alumínio (latinhas), que são catadas na cidade por adultos e crianças, são escoadas até Manaus por pessoas autônomas que compram esse material reciclável.

Conforme as informações prestadas pelo responsável da limpeza e coleta dos resíduos, existe a possibilidade de se instalar um maquinário para tratar da coleta seletiva dos resíduos recicláveis com o apoio da prefeitura e da empresa prestadora de serviços. As discussões e possíveis parcerias estão em fase de conversas e ajustes, e, segundo o responsável da empresa de coleta e limpeza pública de Nhamundá, os possíveis materiais recicláveis (alumínio, cobre, chumbo, metal, papelão e plástico) poderão ser escoados por meio de balsa a custo zero para Manaus, se assim for acordado (ações a serem executadas). Em função da inexistência de balança volumétrica, não há como estimar a quantidade de resíduos sólidos coletados diariamente em Nhamundá.

Quanto ao risco aviário, este é inexistente, pois, apesar do lixão a céu aberto estar na área pertencente ao aeroporto, fica a 6 km de distância do mesmo. No período em que os resíduos da cidade ficam acondicionados na balsa à margem do Rio Nhamundá, os urubus se alimentam desse lixo putrefato e não precisam seguir a balsa quando ela transporta os resíduos até o lixão. Por isso, é inexistente a presença de urubus e moscas na área do lixão, na Serra do Matió. Por outro lado, o rio é altamente contaminado com o líquido chorume que sai dos resíduos em decomposição e escorre diretamente na água, causando prejuízos à saúde da população, que sofre com surtos de diarreia.

Em relação a resíduos sólidos, a Lei Orgânica do município prevê no seu capítulo destinado à competência municipal a responsabilidade do município na limpeza pública, coleta e destinação do lixo. A prioridade no acesso aos recursos da União e aos incentivos ou financiamentos federais de crédito ou fomento é estabelecida no art. 18 da PNRS aos municípios que possuírem o PMGIRS com atividades voltadas para a limpeza urbana e manejo dos resíduos, incluindo: consórcios intermunicipais para a gestão dos resíduos sólidos, coleta seletiva e cooperativa de catadores de recicláveis (BRASIL, 2010).

Em cumprimento à Lei Federal nº 12.305/2010 e à Lei Orgânica Municipal nº 540/2013, foi elaborado e apresentado para aprovação da Câmara Municipal de Nhamundá/AM o Plano Municipal de Gestão Integrada de Resíduos Sólidos; porém, as atividades previstas no plano até o momento não foram implementadas. Inclusive, no que diz respeito a programas de educação ambiental, as ações são pontuais e de pouca repercussão.

Considerações finais

Com a aprovação da Política Nacional dos Resíduos Sólidos, em agosto de 2010, as práticas de gestão e gerenciamento de resíduos sólidos se apresentam como um dos grandes desafios dos estados e municípios brasileiros para cumprir com as suas obrigações estabelecidas no Plano Municipal de Gestão Integrada de Resíduos Sólidos.

O desafio estabelecido pela PNRS requer dos gestores municipais a elaboração de políticas públicas com planos de ações voltados para os problemas socioambientais, econômicos e de saúde pública focados para o gerenciamento dos resíduos.

É de fundamental importância desenvolver parcerias institucionais e diálogo com equipes de profissionais especializados que ofereçam assessoria técnica administrativa, econômica e socioambiental, e que ajudem a desenvolver políticas públicas que promovam educação ambiental e transformações nos modos de ser e agir dos cidadãos, visando reduzir e prevenir a geração de resíduos.

Elaborar planos e estratégias se faz necessário para alcançar os resultados esperados, garantindo o cumprimento das normas e o repasse dos incentivos previstos em lei, favorecendo o desenvolvimento de medidas preventivas e precautórias rumo à sustentabilidade.

Figura 4 – Visão analítica da gestão de resíduos sólidos no município de Nhamundá/AM

GESTÃO DE RESÍDUOS SÓLIDOS

Nhamundá
Lixão a céu aberto que fica na Serra do Matió (área que pertence ao atual aeroporto), localizada no próprio município, mas fora da área urbana e existe a quase oito anos.

1. Não é área licenciada, abrange um terreno de aproximadamente 7 ha e não possui cercamento.

2. Há 06 anos atrás uma operação de limpeza da via de acesso da atual lixeira, afastando os resíduos das margens do rio e aprofundando a vala natural que já existia.

3. O tempo de vida útil dessa área do lixão, segundo os gestores municipais é de mais ou menos 8 anos.

4. Recebe todos os tipos de resíduos misturados e despejados de forma desordenada, sem nenhuma segregação.

5. Há catadores de resíduos, adultos e crianças, os quais não se reconhecem como catadores, mas coletam latinhas nas ruas, bares e restaurantes, que são prensadas manualmente e embaladas em saco de fibra de mais ou menos 200k.

Uma balsa acondiciona e transporta os resíduos da cidade sem a menor condição de uso.

O município não possui serviço de coleta de resíduos de saúde especializado, sendo utilizado caminhão e balsa (como lixo comum).

Fonte: Vistoria DEAMB/UEA (2018).

Referências

ABRELPE – ASSOCIAÇÃO BRASILEIRA DE EMPRESAS DE LIMPEZA PÚBLICA E RESÍDUOS ESPECIAIS. *Panorama dos Resíduos Sólidos no Brasil*. São Paulo, 2010.

BRASIL. Congresso Nacional. *Lei nº 12.305 de 2 de agosto de 2010 (Política Nacional de Resíduos Sólidos)*. Brasília, DF. 2010. Disponível em: http://www.planalto.gov.br. Acesso em: 05 out. 2018.

BRASIL. Constituição 1988. *Constituição da República Federativa do Brasil*. Coord. Mauricio Antonio Ribeiros Lopes. 4. ed. São Paulo: Ed. RT, 1999.

BRASIL. Ministério das Cidades. Secretaria Nacional de Saneamento Ambiental. Sistema Nacional de Informações sobre Saneamento – SNIS. *Diagnósticos do Manejo dos Resíduos Sólidos Urbanos*. 2010.

Informação bibliográfica deste texto, conforme a NBR 6023:2018 da Associação Brasileira de Normas Técnicas (ABNT):

AMOÊDO, Jacklene Briglia *et al*. Panorama da gestão e gerenciamento dos resíduos sólidos no município de Nhamundá/AM. In: PINHEIRO, Júlio Assis Corrêa (Coord.). *Resíduos sólidos*: municípios do estado do Amazonas 2019. Belo Horizonte: Fórum, 2022. p. 115-122. ISBN 978-65-5518-328-3.

PANORAMA DA GESTÃO E GERENCIAMENTO DOS RESÍDUOS SÓLIDOS NO MUNICÍPIO DE NOVO AIRÃO/AM

JOSÉ LUIZ SANSONE
ANTÔNIO DE LIMA MESQUITA
CARLA SOUZA CALHEIROS
FÁBIO DE SOUSA CARDOSO
JACKLENE BRIGLIA AMOÊDO
JÚLIO ASSIS CORRÊA PINHEIRO
NÁDIA VERÇOSA DE MEDEIROS RAPÔSO
NELIANE DE SOUSA ALVES
RAIMUNDO CLAUDIO DE SOUSA GOMES
REGINA YANAKO MORIYA
RUBELMAR DE AZEVEDO FILHO
VALDETE SANTOS DE ARAÚJO

Introdução

O crescimento populacional, o desenvolvimento econômico, a urbanização e a revolução tecnológica vêm sendo acompanhados por alterações no estilo de vida e nos modos de produção e consumo da população. Como decorrência direta desses processos, vem ocorrendo um aumento na produção de resíduos sólidos, tanto em quantidade como em diversidade, principalmente nos grandes centros urbanos.

Diariamente, são coletadas no Brasil entre 180 e 250 mil toneladas de resíduos sólidos urbanos. A imprecisão nessa estimativa se deve a diferentes metodologias empregadas nos levantamentos realizados e às dificuldades inerentes a essa avaliação.

Apesar das grandes diferenças regionais, a produção de resíduos tem crescido em todas as regiões e estados brasileiros. A geração média de resíduos sólidos urbanos é próxima de 1 kg por habitante/dia no país, padrão já similar ao de alguns países da União Europeia. Entre as populações urbanas mais afluentes, o padrão de consumo se equipara ao dos cidadãos norte-americanos, reconhecidamente os maiores produtores *per capita* de resíduos sólidos urbanos. Entretanto, boa parte dos resíduos produzidos atualmente não possui destinação sanitária e ambientalmente adequada.

Embora tenha havido progresso nos últimos vinte anos, os resíduos ainda são depositados em vazadouros a céu aberto, os chamados lixões, em mais da metade dos municípios brasileiros. O percentual de municípios que utilizam aterros controlados, onde os resíduos são apenas cobertos por terra, manteve-se praticamente inalterado entre 2000 e 2008. Iniciativas para a redução da quantidade de material descartado em aterros, como a coleta seletiva para posterior reciclagem, ainda caminham lentamente.

Os catadores de materiais recicláveis podem ser considerados os grandes protagonistas da indústria de reciclagem no país. Esse grupo de trabalhadores vem atuando de maneira informal ou organizada em cooperativas e, mesmo antes da definição de políticas públicas claras para a gestão de resíduos no país, vem realizando um trabalho de grande importância ambiental, contribuindo significativamente para o retorno de diferentes materiais para o ciclo produtivo, gerando economia de energia e de matéria-prima, e evitando que diversos materiais sejam destinados a aterros (BIZZOTTO; MANSO, 2010).

A reutilização de resíduos sólidos como insumo nos processos produtivos gera benefícios diretos, tanto na redução da poluição ambiental causada pelos aterros e depósitos de lixo como em benefícios indiretos relacionados à conservação de energia.

Nesse contexto ambiental e para levantamento sobre as práticas de gestão e gerenciamento de resíduos sólidos do município de Novo Airão, fez-se uma vistoria técnica com dados que serão apresentados neste artigo.

1 Município de Novo Airão

Novo Airão está localizado na Região Metropolitana de Manaus, no Estado do Amazonas (Figura 1), distante 185 km da capital amazonense por via terrestre e com uma população de 19.454 habitantes, segundo estimativas do IBGE de 2019.

O município abriga o Parque Nacional de Anavilhanas, uma unidade de conservação brasileira de proteção integral da natureza localizada no estado, com território distribuído também pelos municípios de Manaus e Iranduba. O município de Novo Airão desponta ainda mais como destino para o turismo ecológico e de lazer.

Figura 1 – Localização do município de Novo Airão/AM

Fonte: PLAMSAN (2012).

No quadro 1, estão apresentados alguns dados de identificação do município de Novo Airão.

Quadro 1 – Identificação do município

	Área: 37.771 km²
	População: 19.454 hab. *est* IBGE/2018
	Densidade demográfica: 0,52 hab./km²
	Localização: 185 km da capital Manaus
	Altitude: 45 m
	Coordenadas geográficas:
	- latitude: 02° 37' 15" sul;
	- longitude: 60° 56' 38" oeste.

Fonte: Google (2019) - https://pt.wikipedia.org/wiki/Novo_Air%C3%A3o.

2 Resíduos sólidos no município

Os resíduos sólidos recolhidos pelo serviço de limpeza pública da prefeitura de Novo Airão vêm sendo depositados em duas áreas distintas: uma localizada no km 3 da AM-352 (Figura 2), que recebe os entulhos (RCD), podas e galhos de árvores; e outra área também localizada na via principal da AM-352, distante 13,0 km do centro urbano do município. Não há coleta de resíduos especiais, como pneus, lâmpadas fluorescentes e pilhas. Esse material é coletado e despejado junto aos demais resíduos. A segunda área está ativa há 11 anos e recebe todo o lixo doméstico e hospitalar do município de Novo Airão.

Figura 2 – Área destinada aos resíduos de poda e madeira

Fonte: Vistoria DEAMB/UEA (2018).

O lixo hospitalar é separado em valas de aproximadamente 2,0 m de profundidade e, então, queimado. O terreno do lixão tem uma superfície aproximada de 4,0 hectares. No lixão, também são lançados resíduos de serviços de saúde. Observou-se na operação do lixão que os resíduos são descarregados na superfície do solo de modo aleatório, sem ordenamento e sem a conformação do volume que diariamente ali é depositado (Figuras 3 e 4). Essa prática incorreta leva ao comprometimento rápido do espaço útil disponível.

Figura 3 – Área destinada a resíduos sólidos e resíduos do hospital

Fonte: Vistoria DEAMB/UEA (2018).

Figura 4 – Área destinada a resíduos domiciliares (AM-352)

Fonte: Vistoria DEAMB/UEA (2018).

A coleta seletiva é realizada com o apoio da prefeitura, que, além de disponibilizar o galpão, auxilia com o transporte semanal de papelão, latas de alumínio e *pets* para a cidade de Manaus (Figura 5).

Figura 5 – Galpão de resíduos sólidos cedido
pela Prefeitura de Novo Airão

Fonte: Vistoria DEAMB/ UEA (2018).

É feita a coleta de resíduos do Hospital Geral de Novo Airão e da unidade de pronto atendimento pela prefeitura, tendo como destinação final o lixão. Porém, constatou-se a disposição de resíduos domiciliares no mesmo coletor do hospitalar, concluindo-se que não há separação entre os mesmos (Figura 6).

Figura 6 – Hospital Geral de Novo Airão

Fonte: Vistoria DEAMB/UEA (2018).

Considerações finais

Em relatório publicado em janeiro de 2018, a Controladoria-Geral da União – CGU avaliou se o governo federal estava fazendo o seu papel na execução da Política Nacional de Resíduos Sólidos – PNRS, já que o cumprimento do prazo estabelecido para acabar com lixões no país já está estourado há quatros anos. A conclusão do órgão do governo é de que, para o tema avançar, ele precisa se tornar prioridade "no âmbito do governo federal" e objeto de "maior engajamento dos estados e municípios".

Até hoje, por exemplo, não há um plano nacional aprovado oficialmente pelo governo federal, apenas um documento "preliminar" concluído em 2012 e disponibilizado na internet. Sobre a falta dessa espécie de "guia", a CGU diz que "a versão atual do Plano Nacional não é plenamente válida, está desatualizada e a sua revisão só deve ser concluída em 2019", data prevista para que o trabalho, que conta com ajuda de uma consultoria internacional, seja concluído.

Por sua vez, verificou-se que o município visitado não possui um plano municipal de gestão integrada de resíduos sólidos implantado ou a implementar. Observou-se também uma displicência com relação ao apoio estrutural, logístico, financeiro, técnico e orgânico da parte do poder público local para o estímulo de ações empreendedoras voltadas à coleta seletiva, logística reversa, reciclagem e economia circular ou, ainda, a promoção de campanhas educativas, de conscientização ou mesmo de bonificações e prêmios a fim de estabelecer um envolvimento comprometido de toda a sociedade local às metas socioeconômicas e ambientais relativas a essa temática.

É notório, também, o fato do município não possuir infraestrutura adequada à disposição final de resíduos, conforme estabelecido na legislação brasileira vigente, ou seja, a PNRS. Por conseguinte, o descarte de resíduos em "lixões" é a praxe nessa localidade. O município de Novo Airão, bem como outras localidades do interior do Amazonas, apresenta sérias limitações orçamentárias, baixa disponibilidade de pessoal qualificado tecnicamente para composição de equipes, baixíssima densidade demográfica e infraestrutura precária de transporte e comunicação interna e externa.

Constatou-se ainda que o município não dispõe de balança para pesagem dos veículos e dos seus resíduos. Ocorrem a mistura de resíduos de classificações distintas e a não regularidade no preenchimento das caçambas, além da irregularidade nas coletas.

Observou-se que os serviços básicos de varrição, capina e poda e coleta de resíduos sólidos domésticos (RSD) e comerciais (coletados como domésticos) são realizados, ficando sem maiores cuidados os serviços relativos à segregação, tratamento e disposição final, que são extremamente precários e não atendem às diretrizes e normas do CONAMA.

Assim sendo, afirma-se que o descarte correto dos RSU depende da consciência do gerador, pois uma correta segregação facilita e dinamiza os trabalhos de minimização, recuperação/destruição e destinação.

Por outro lado, os custos de implantação, operação e manutenção de um aterro sanitário são notoriamente elevados e inviáveis para municípios com população inferior a 100 mil habitantes, caso comum entre todos os municípios visitados. Entretanto, a necessidade de instalação de aterros sanitários nessas localidades e a urgente interdição dos lixões lá em operação são, sem dúvida, prementes. Diante desse cenário, a recomendação plausível a ser feita é pela implantação de infraestruturas comuns, de aterro sanitário, em que o custeio, operação, manutenção e uso sejam compartilhados, em consórcio, por grupos de municípios.

A seguir, apresenta-se uma visão analítica da gestão ambiental dos resíduos sólidos urbanos no município de Novo Airão (Figura 7).

Figura 7 – Visão analítica da gestão de resíduos sólidos no município de Novo Airão/AM

GESTÃO DE RESÍDUOS SÓLIDOS

MUNICÍPIO DE NOVO AYRÃO
Duas áreas de disposição de resíduos localizada no km 3 da am-352, que recebe entulho, podas e galhadas e outra área também localizada na am-352, distante 13 km do centro urbano do município, que se encontra ativa há 11 anos e recebe todo o lixo doméstico e hospitalar do município

Área destinada a resíduos sólidos e resíduos do hospital a 13 km da sede do município na AM-352

1. Os resíduos sólidos recolhidos pelo serviço de limpeza pública da prefeitura de Novo Airão

2. Coleta através de caçamba e caminhão coletor de lixo urbano

3. Município com plano desde 2012 para estabelecer o aterro sanitário porém sem condições financeiras para este tipo de gerenciamento

4. Coleta seletiva com apoio oficial do município com transporte para Manaus

5. O lixo hospitalar é separado, em valas de aproximadamente 2 m de profundidade e são queimados

Potenciais geradores de resíduos no município
- Hospital Municipal

Fonte: Vistoria DEAMB/UEA (2018).

Referências

ASSOCIAÇÃO AMAZONENSE DE MUNICÍPIOS (AAM). *PLAMSAN*. Plano Municipal de Gestão Integrada de Resíduos Sólidos. 2012.

BIZZOTTO, A.; MANSO, B. P. Lixo reciclável vai para aterro comum: cooperativas de catadores cadastradas pela Prefeitura estão saturadas e já não conseguem receber o material separado pela população. *O Estado de S. Paulo*, Caderno Metrópole, 25 maio 2010, p. C1.

BRASIL. IBGE – Instituto Brasileiro de Geografia e Estatística. *Pesquisa Nacional de Saneamento Básico*. 2019.

COIMBRA, José de Ávila. *Educação Ambiental*: desenvolvimento de cursos e projetos. São Paulo: Millenniun, 2000.

DIAS, Reinaldo. *Políticas públicas*: princípios, propósitos e processos. São Paulo: Atlas, 2012.

FARIA, Caroline. *Definição de resíduos sólidos*. 2015.

Informação bibliográfica deste texto, conforme a NBR 6023:2018 da Associação Brasileira de Normas Técnicas (ABNT):

SANSONE, José Luiz *et al*. Panorama da gestão e gerenciamento dos resíduos sólidos no município de Novo Airão/AM. *In*: PINHEIRO, Júlio Assis Corrêa (Coord.). *Resíduos sólidos*: municípios do estado do Amazonas 2019. Belo Horizonte: Fórum, 2022. p. 123-131. ISBN 978-65-5518-328-3.

PANORAMA DA DESTINAÇÃO DOS RESÍDUOS SÓLIDOS URBANOS NO MUNICÍPIO DE NOVO ARIPUANÃ/AM

JOSÉ LUIZ SANSONE
ANTÔNIO DE LIMA MESQUITA
CARLA SOUZA CALHEIROS
FÁBIO DE SOUSA CARDOSO
JACKLENE BRIGLIA AMOÊDO
JÚLIO ASSIS CORRÊA PINHEIRO
NÁDIA VERÇOSA DE MEDEIROS RAPÔSO
NELIANE DE SOUSA ALVES
RAIMUNDO CLAUDIO DE SOUSA GOMES
REGINA YANAKO MORIYA
RUBELMAR DE AZEVEDO FILHO
VALDETE SANTOS DE ARAÚJO

Introdução

Os dados e informações aqui apresentados resultam-se de inspeção ambiental referente à gestão e gerenciamento de resíduos sólidos urbanos realizados no município de Novo Aripuanã/AM, em parceria com o Tribunal de Contas do Estado do Amazonas – TCE/AM, cujo objetivo foi verificar se o município, por meio de ações de planejamento e implantação do sistema de gerenciamento dos resíduos sólidos gerados no município, permite a universalização do mesmo, com qualidade, para a população e para o meio ambiente.

A geração de resíduos pelas diversas atividades humanas constitui-se atualmente em um grande desafio a ser enfrentado pelas administrações municipais, sobretudo nos grandes centros urbanos.

A partir da segunda metade do século XX, com os novos padrões de consumo da sociedade industrial, a produção de resíduos vem crescendo continuamente em ritmo superior à capacidade de absorção da natureza, e o descarte inadequado de resíduos tem produzido passivos ambientais capazes de colocar em risco e comprometer os recursos naturais e a qualidade de vida das atuais e futuras gerações (BRASIL, 2006).

Na Região Norte do Brasil, de acordo com a Pesquisa Nacional de Saneamento Básico – PNSB (2008), 85,5% dos resíduos gerados têm como destino os lixões. Tal situação se configura como um cenário de destinação reconhecidamente inadequado, que exige soluções urgentes e estruturais para o setor.

No caso específico do Estado do Amazonas, em 2012 a Associação Amazonense de Municípios – AAM) apresentou os Planos de Saneamento Básico e Gestão Integrada de Resíduos Sólidos dos Municípios do Amazonas (PLAMSAN), atendendo 59 municípios do Estado do Amazonas, com o objetivo de implantar a gestão do saneamento básico nos municípios amazonenses, em atenção à legislação vigente: a Lei nº 11.445/2007 (Diretrizes Nacionais para o Saneamento Básico) e a Lei nº 12.305/2010, que trata da Política Nacional de Resíduos Sólidos.

1 Município de Novo Aripuanã

O município de Novo Aripuanã, pertencente à Mesorregião Sul-Amazonense e Microrregião do Madeira, localizado na Região do Madeira, 5ª Sub-região, situa-se a 05° 08' de latitude sul e a 60° 23' de longitude a oeste de Greenwich (Figura 1). Em linha reta, a distância entre Novo Aripuanã e Manaus, capital do estado, é de 225 km.

Em 19 de dezembro de 1955, pela Lei Estadual nº 96, foi criado o município de Novo Aripuanã, desmembrado dos municípios de Borba e Manicoré, e constituído pelo território dos distritos de Foz do Aripuanã e Sumaúma, do primeiro, e dos subdistritos de Alvorada, Manicorezinho e Itapinima, do segundo, tendo como sede a Vila de Foz do Aripuanã, elevada à categoria de cidade.

Em 10 de fevereiro de 1956, ocorreu a instalação do município, sendo seu primeiro prefeito nomeado pelo governador do estado. Na data de 10 de dezembro de 1981, pela Emenda Constitucional nº 12, Novo Aripuanã perdeu parte de seu território em favor do novo município de Apuí.

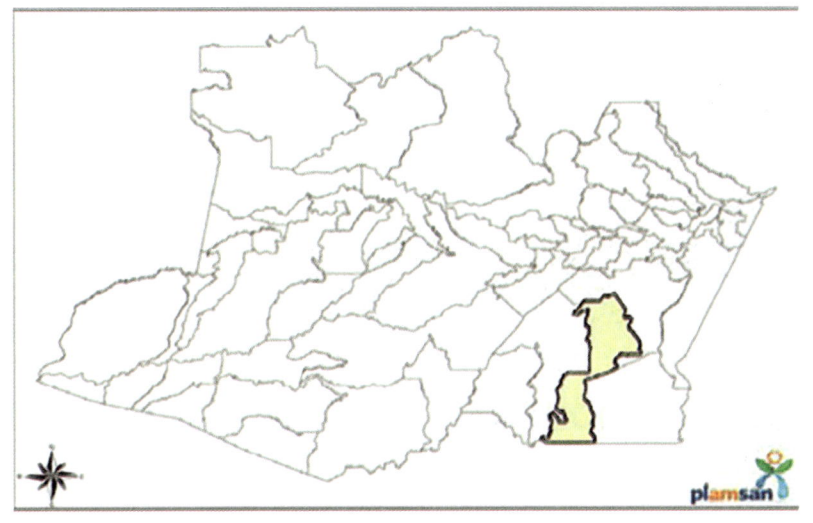

Figura 1 – Localização do município de Novo Aripuanã/AM

Fonte: PLAMSAN (2012).

Datam de 1637 os registros das primeiras penetrações no Rio Madeira, em sequência à expedição de Pedro Teixeira, ligando Belém/PA a Quito, no Equador. Primitivamente, habitavam a região os índios Torás, Barés, Muras, Urupás e Araras, entre outros.

De acordo com o Instituto Brasileiro de Geografia e Estatística – IBGE (2019), Novo Aripuanã tem uma população estimada de 25.644 habitantes, uma área territorial de 41.179,656 km^2 e apresenta 13,7% de domicílios com esgotamento sanitário adequado, 16,1% de domicílios urbanos em vias públicas com arborização e 8,3% de domicílios urbanos em vias públicas com urbanização adequada (presença de bueiro, calçada, pavimentação e meio-fio). Quando comparado com os outros municípios do estado, fica na posição 29 de 62, 42 de 62 e 23 de 62, respectivamente. Já quando comparado a outras cidades do Brasil, sua posição é 4.071 de 5.570, 5.252 de 5.570 e 2.981 de 5.570, respectivamente.

2 Panorama da destinação dos resíduos sólidos

A cidade de Novo Aripuanã tem um lixão a céu aberto, localizado às margens da estrada NAP-01 (Novo Aripuanã – AM-174), no km 8, nas seguintes coordenadas: latitude S 05° 08' 12,4" e longitude W 60° 21' 26,3" (Figura 2).

Figura 2 – Localização do lixão praticamente
nas margens da estrada AM-174

Fonte: Vistoria DEAMB/UEA (2018).

A coleta de resíduos é realizada pela prefeitura municipal, que coleta os resíduos de serviços de saúde (RSS), domésticos e os provenientes das atividades de varrição, capinação, poda de árvores, além de móveis inservíveis e outros. A coleta é realizada por caminhão coletor, e o destino de todos os resíduos é o lixão (Figura 3).

Figura 3 – Equipamentos e caminhão coletor de Novo Aripuanã/AM

Fonte: Vistoria DEAMB/UEA (2018).

Lixão ou vazadouro a céu aberto é a denominação atribuída à disposição de resíduos de forma descontrolada sobre o substrato rochoso ou solo. Não há critérios técnicos para a escolha e operação dessas áreas. Os resíduos são depositados diretamente sobre o solo, podendo ocasionar contaminação do solo, das águas subterrâneas e superficiais através do líquido percolado e dos próprios resíduos. Essa forma de disposição favorece a ocorrência de moscas, ratos e baratas, que são vetores de inúmeras doenças, além da atração de abutres (urubus, carcarás etc.) (BRASIL, 2006).

A ausência de controle e a falta de fechamento permitem o livre acesso, sendo comum a presença de animais (porcos, galinhas, cabras, vacas, cavalos etc.), crianças e adultos que utilizam restos de alimentos para consumo. A falta de controle favorece o lançamento de resíduos de serviços de saúde e indústrias nessas áreas (BRASIL, 2006).

Uma situação crítica observada na lixeira de Novo Aripuanã é que a disposição dos resíduos é feita de forma desordenada, e os resíduos ficam espalhados por uma grande área, comprometendo o espaço útil disponível. Após a disposição destes no solo, nenhum outro procedimento, como a conformação e o recobrimento da massa de resíduos, é realizado (Figura 4).

Figura 4 – Disposição inadequada dos resíduos
na área do lixão em Novo Aripuanã/AM

Fonte: Vistoria DEAMB/UEA (2018).

No município, também foi observado como prática comum a queima dos resíduos depositados no lixão, sendo o fogo utilizado tanto para os resíduos domiciliares como para os resíduos vegetais.

A área do lixão também não possui fechamento, o que permite o fácil acesso das pessoas. No local, há coleta espontânea de materiais recicláveis (embalagens em geral) para comercialização. Cerca de 20 catadores frequentam o lixão, e outros 10 recolhem embalagens de alumínio descartadas em eventos na cidade e nos bares. Não existe nenhuma associação ou infraestrutura montada de apoio aos catadores. A compra dos resíduos coletados é efetuada por comerciantes, e a revenda é realizada na capital Manaus.

A Prefeitura de Novo Aripuanã também é responsável pela coleta de resíduos de serviços de saúde gerados no hospital municipal e nas unidades de pronto atendimento; entretanto, a destinação final é o lixão a céu aberto. Os resíduos do serviço de saúde (RSS) devem merecer atenção especial em todas as suas fases de manejo (segregação, acondicionamento, armazenamento, coleta, transporte, tratamento e disposição final) em decorrência dos imediatos e graves riscos que podem oferecer, por apresentarem componentes químicos, biológicos e radioativos (Figura 5).

Figura 5 – Depósito de resíduos sólidos de saúde no hospital do município

Fonte: Vistoria DEAMB/UEA (2018).

Considerações finais

A Lei nº 12.305/10, que instituiu a Política Nacional de Resíduos Sólidos (PNRS), contém instrumentos importantes para permitir o avanço necessário ao país no enfrentamento dos principais problemas ambientais, sociais e econômicos decorrentes do manejo inadequado dos resíduos sólidos, com a prevenção e a redução na geração de resíduos, tendo como propostas a prática de hábitos de consumo sustentável e um conjunto de instrumentos para propiciar o aumento da reciclagem e da reutilização dos resíduos sólidos e a destinação ambientalmente adequada dos rejeitos, instituindo a responsabilidade compartilhada dos geradores de resíduos.

Entretanto, o panorama atual apresentado pelos municípios brasileiros mostra que esta ainda não é uma realidade nacional. No caso específico do município de Novo Aripuanã, devido à extensão da área do município e toda uma realidade amazônica, onde os rios predominam na paisagem e os acessos e mobilidades requerem uma logística bastante onerosa, essa problemática tem dimensões ainda maiores e, apesar da prefeitura realizar de maneira adequada toda a coleta do lixo gerado na área urbana, sua destinação final ainda é inadequada. Na área rural, a situação é mais agravante, visto que todo o lixo gerado tem como destino o rio ou a queima.

O município de Novo Aripuanã não possui elaborado um plano municipal de gestão integrada de resíduos sólidos que estabeleça apoio estrutural, logístico, financeiro, técnico e orgânico do poder público municipal visando estimular ações empreendedoras locais voltadas à coleta seletiva, logística reversa, reciclagem e comercialização de material reciclável, bem como à promoção de campanhas educativas, de conscientização ou mesmo de bonificações e prêmios que possam estabelecer envolvimento comprometido de toda a sociedade local com a questão.

O município planeja, desde 2012, estabelecer um aterro sanitário, porém não possui condições financeiras para esse tipo de gerenciamento. Segundo o PLAMSAN, seria economicamente viável o consórcio entre municípios para a construção de aterro sanitário para atender uma população de 100.000 habitantes entre sedes de municípios e zona rural.

Como medidas mitigadoras, em curto prazo, sugerem-se: monitoramento da qualidade do solo, ar e águas na área utilizada como lixeira; criação, com apoio municipal, de um sistema de coleta seletiva; e investimentos na área de educação ambiental nas escolas e instituições de ensino superior, contribuindo para a qualidade de vida da população local e meio ambiente saudável, direito de todos.

Figura 6 – Visão analítica da gestão de resíduos sólidos no município de Novo Aripuanã/AM

NOVO ARIPUANÃ

Lixão a céu aberto, localizado às margens da estrada NAP- 01 (NOVO ARIPUANÃ-AM 174), NO KM 8, Coordenadas 05º 08' 12,4" E W 60º 21'26,3"

1. Os resíduos são despejados nesta área onde é espalhado e deixado a céu aberto e queimados

2. O acesso ao lixão é sem isolamento e são lançados os resíduos de serviços de saúde e os provenientes das atividades de varrição, capinação, poda de árvores e remoção de resíduos volumosos, como móveis inservíveis e outros

3. Não há nenhum programa de coleta seletiva, cerca de 20 catadores frequentam o lixão, e outros 10 recolhem embalagens de alumínio Descartadas em eventos na cidade e nos bares

4. Coleta através de caçamba e caminhão coletor de lixo urbano para remoção para o lixão, coleta feita pela secretaria do meio ambiente e secretaria de infraestrutura

5. Não existe nenhuma associação ou infraestrutura de apoio aos catadores montada. A compra dos resíduos coletados é efetuada por comerciantes e revendida em Manaus.

6. Município com plano desde 2012 para estabelecer o aterro sanitário, porém sem condições financeiras para este tipo de gerenciamento

Potenciais geradores de resíduos no município
- Hospital Municipal

Fonte: Vistoria DEAMB/UEA (2018).

Referências

ASSOCIAÇÃO AMAZONENSE DE MUNICÍPIOS (AAM). *PLAMSAN*. Plano Municipal de Gestão Integrada de Resíduos Sólidos. 2012.

BRASIL. *Lei nº 12.305, de 2 de agosto de 2010*. Institui a Política Nacional de Resíduos Sólidos; altera a Lei nº 9.605, de 12 de fevereiro de 1998; e dá outras providências. Disponível em: https://www.mma.gov.br/cidades-sustentaveis/residuos-solidos/politica-nacional-de-residuos-solidos.

BRASIL. *Lei 11.445, de 5 de janeiro de 2007*. Estabelece diretrizes nacionais para o saneamento básico; altera as Leis nos 6.766, de 19 de dezembro de 1979, 8.036, de 11 de maio de 1990, 8.666, de 21 de junho de 1993, 8.987, de 13 de fevereiro de 1995; revoga a Lei no 6.528, de 11 de maio de 1978; e dá outras providências. Disponível em: http://www.planalto.gov.br/ccivil_03/_ato2007-2010/2007/lei/l11445.htm.

BRASIL. Ministério da Saúde. Agência Nacional de Vigilância Sanitária. *Manual de gerenciamento de resíduos de serviços de saúde*. Brasília: Ministério da Saúde, 2006.

BRASIL. *Resolução CONAMA nº 358, de 29 de abril de 2005*. Dispõe sobre o tratamento e a disposição final dos resíduos dos serviços de saúde e dá outras providências.

INSTITUTO BRASILEIRO DE GEOGRAFIA E ESTATÍSTICA – IBGE. *Pesquisa Nacional de Saneamento Básico 2008*. Rio de Janeiro, 2010.

Informação bibliográfica deste texto, conforme a NBR 6023:2018 da Associação Brasileira de Normas Técnicas (ABNT):

SANSONE, José Luiz *et al*. Panorama da destinação dos resíduos sólidos urbanos no município de Novo Aripuanã/AM. *In*: PINHEIRO, Júlio Assis Corrêa (Coord.). *Resíduos sólidos*: municípios do estado do Amazonas 2019. Belo Horizonte: Fórum, 2022. p. 133-141. ISBN 978-65-5518-328-3.

PANORAMA DA GESTÃO E GERENCIAMENTO DOS RESÍDUOS SÓLIDOS NO MUNICÍPIO DE PARINTINS/AM

JACKLENE BRIGLIA AMOÊDO
ANTÔNIO DE LIMA MESQUITA
CARLA SOUZA CALHEIROS
FÁBIO DE SOUSA CARDOSO
JOSÉ LUIZ SANSONE
JÚLIO ASSIS CORRÊA PINHEIRO
NÁDIA VERÇOSA DE MEDEIROS RAPÔSO
NELIANE DE SOUSA ALVES
RAIMUNDO CLAUDIO DE SOUSA GOMES
REGINA YANAKO MORIYA
RUBELMAR DE AZEVEDO FILHO
VALDETE SANTOS DE ARAÚJO

Introdução

O consumo crescente dos múltiplos e distintos produtos no Brasil e no mundo tem acelerado cada dia mais o acúmulo de lixo nas cidades. De acordo com o Panorama dos Resíduos Sólidos no Brasil, documento lançado pela ABRELPE, em 2018, a geração total de RSU no Brasil em 2017 foi de 78,4 milhões de toneladas, o que representa crescimento de 1% em relação a 2016, passando de 212.753 toneladas por dia para 214.868 t/dia. Segundo o estudo da ABRELPE, em 2017, o brasileiro volta a gerar mais lixo (378 kg de resíduos) e aumenta o volume de lixo depositado em lixões.

A geração e a disposição inadequada dos resíduos sólidos urbanos (RSU) representam atualmente uma questão pública de grande preocupação. De acordo com a norma NBR.10.004 da Associação Brasileira de Normas Técnicas – ABNT, os chamados resíduos sólidos urbanos, comumente denominados de lixo urbano, são resultantes das atividades domésticas e resíduos de limpeza urbana (varrição, limpeza de logradouros e vias públicas) e comercial dos centros urbanos. Na prática, materiais perigosos, como lixo hospitalar e outros resíduos, são também misturados ao lixo urbano e podem ocasionar danos ao meio ambiente.

A Constituição Federal do Brasil de 1988 estabelece em seu artigo 225 que: "Todos têm direito ao meio ambiente ecologicamente equilibrado, bem de uso comum do povo e essencial à sadia qualidade de vida, impondo-se ao Poder Público e à coletividade o dever de defendê-lo e preservá-lo para as presentes e futuras gerações", cabendo ao poder público "promover a educação ambiental em todos os níveis de ensino e a conscientização pública para a preservação do meio ambiente".

1   Município de Parintins

O município de Parintins pertence à Mesorregião do Centro Amazonense e Microrregião de Parintins, localizando-se no extremo leste do estado, distante cerca de 369 quilômetros da capital Manaus. Em 15 de outubro de 1852, pela Lei nº 02, foi confirmada a criação do município. Em 30 de outubro de 1880, pela Lei Provincial nº 499, a sede do município recebeu foros de municípios e passou a denominar-se Parintins.

Quadro 1 – Identificação do município

	Área: 14.106 km²
	População: 18.474 hab. *est.* *IBGE/2009*
	Densidade demográfica: 1,46 hab./km²
	Localização: 375 km, em linha reta de Manaus
	Altitude: 50 m
	Coord. geográficas:
	- latitude: 02° 37' 42" sul;
	- longitude: 56° 44' 09" oeste.

Fonte: Wikipédia - Google (2019).

2 Resíduos sólidos no município

A vistoria técnica sobre a Disposição dos Resíduos Sólidos (DRS) e seus impactos ambientais no município de Parintins/AM foi realizada no âmbito do lixão a céu aberto na estrada Odovaldo Novo; da Associação de Catadores de Parintins (ASCALPIN); do Aeroporto Júlio Belém; dos Hospitais Jofre Cohen e Pe. Colombo; da Empresa de Coleta de Lixo e Limpeza (FRAGGA); das associações folclóricas dos bois-bumbá (Garantido e Caprichoso), que são grandes potenciais geradores de resíduos no município; e da feira de pescado do bairro Itaúna I para verificar a geração e destinação dos resíduos sólidos urbanos e rejeitos de saúde, bem como o desenvolvimento das ações ambientais, conforme o Plano Municipal de Gestão Integrada dos Resíduos Sólidos – PMGIRS existente.

O lixão a céu aberto está situado na Zona Oeste, a 8 km do centro da cidade, entre as avenidas Maçaranduba e Acariúba, no bairro Djard Vieira, e faz extremidade com a Universidade do Estado do Amazonas – UEA e bairros marginais há mais de 25 anos. Ocupa uma área de aproximadamente 11 hectares, que fica a 4,6 km de distância do aeroporto Júlio Belém, contrariando a Resolução CONAMA nº 04, de 09 de outubro de 1995, que estabelece a distância mínima da área de segurança de 13 km dos aeródromos (Figura 1).

Figura 1 – Imagens de satélite do lixão a céu aberto em Parintins e sua distância do aeroporto Júlio Belém e da Universidade do Estado do Amazonas – UEA

Fonte: Google Earth-cidade-brasil.com.br, 2018.

Os serviços de coleta de resíduos urbanos e limpeza pública são realizados pelo poder público municipal e por meio de uma empresa privada, FRAGGA, que teve contrato firmado em gestão anterior e ainda em vigor.

A coleta dos resíduos é diária e abrange 30 bairros do município, bem como feiras e mercados, sendo feita por meio de carro compactador e carros tipo caçamba, que também coletam e transportam o lixo de forma inadequada; inclusive, os trabalhadores não usam uniformes adequados nem equipamentos de proteção individual (Figura 2).

Figura 2 – Carro tipo caçamba, com trabalhadores sem proteção, e carro coletor de resíduos

Fonte: Vistoria técnica TCE/UEA em Parintins, 2018.

A equipe da coleta e limpeza é composta por 69 garis responsáveis pela varrição; 17 trabalhadores responsáveis pela roçagem, poda e capina; 12 administrativos; e 12 trabalhadores, como motoristas, operadores hidráulicos e ajudantes de caminhão, vigias, fiscais, recursos humanos e responsáveis pela destinação final dos resíduos.

O sistema de guarita/acesso/cercamento/segurança do lixão a céu aberto é extremamente deficitário, pois não impede a presença diária de catadores adultos (homens e mulheres) e crianças no lixão, sem qualquer proteção e sujeitos a doenças e perigos constantes (Figura 3). Nesse sentido, o poder público deve atender o que está previsto na Lei nº 12.305/2010, no seu art. 8º: "O incentivo à criação e ao desenvolvimento de cooperativas ou de outras formas de associação de catadores de materiais reutilizáveis e recicláveis" (BRASIL, 2010), a fim de minimizar esse problema socioambiental e de saúde pública.

Figura 3 – Guarita sem cercamento; presença de
catadores adultos e crianças catadoras no lixão

Fonte: Vistoria técnica TCE/UEA em Parintins, 2018.

Durante a vistoria na proximidade da lixeira pública de Parintins, nos deparamos com alguns alunos da rede estadual de ensino que faziam uma pesquisa escolar sobre o modo de vida dos catadores de lixo, mas que sentiram dificuldades em realizar sua pesquisa de campo, pois as pessoas se afastavam deles e/ou não queriam responder suas perguntas. Os moradores do entorno evitam falar sobre a situação de vida deles em proximidade com o lixão, mas informaram que não sentem o odor e que não incomoda a presença de vetores advindos da lixeira, ou seja, eles não admitem e/ou não percebem os riscos e danos à própria saúde – é o espaço que eles têm para viver (Figura 4).

A Política Nacional de Resíduos Sólidos, além do encerramento dos lixões em todos os municípios e da preocupação com os impactos ambientais provenientes da geração e destinação inadequada dos resíduos sólidos, engloba a responsabilidade social para com os catadores de recicláveis. Há coleta seletiva feita por autônomos e associação de catadores. Em Parintins, ainda existe a Associação dos Catadores de Lixo de Parintins – ASCALPIN, mas que funciona com precariedade, sem o apoio significativo por parte do poder público, que faça o diferencial na gestão de resíduos recicláveis no município. Conforme conversa com a presidente da associação, Marcivone Casimiro de Seixas, existem 30 efetivos, mas apenas 16 estão em atividade na ASCALPIN. O prédio onde funciona a ASCALPIN, na Rua 14 de Maio, s/n, no Centro, foi cedido pelo governo do estado, que já solicitou desocupação. A prefeitura está mediando a prorrogação da cessão. A presença de crianças, mães e pais de famílias que vivem dessa atividade de catar lixo no lixão a céu aberto é uma realidade efetiva e em larga escala. Conforme depoimento de crianças que moram nas invasões do entorno e transitam diariamente no lixão sem nenhuma proteção, eles fazem o transporte mais de três vezes por dia do material recolhido para venda e sobrevivência da família. O município tem uma Associação de Catadores de Parintins/AM – ASCALPIN, mas, no momento, sua atuação não atende a necessidade do município em razão de não haver nenhum programa institucional para a coleta seletiva. Há, também, ação de compra dos produtos recicláveis reutilizáveis (metal, cobre, bateria e alumínio) feita por empreendedores autônomos. Eles armazenam e, a cada quinze dias, encaminham para Manaus de 100 a 150 toneladas de latas de alumínio, como também 10 a 12 toneladas de papelão e 1 a 3 toneladas de plástico mole e plástico duro.

Figura 4 – Associação dos Catadores de Lixo de Parintins – ASCALPIN; coleta seletiva de materiais recicláveis; presença de crianças catadoras no lixão; moradia mais antiga e bem próxima ao lixão

Fonte: Vistoria técnica TCE/UEA em Parintins, 2018.

O lixão a céu aberto que fica em área urbana provoca consequências danosas e imediatas para a população, como a transmissão de doenças por meio de animais vetores, como ratos, moscas e baratas, o mau cheiro, além da degradação ambiental, com a presença intensa de chorume. Não há um sistema de drenagem da água da chuva, o que possibilita a contaminação do lençol freático, e o aumento dos gases pode resultar em explosão. O solo não recebe tratamento de impermeabilização, e os resíduos espalhados por toda a área do lixão não é segregado e não recebe cobertura adequada para compactação. Não há vala para o descarte final dos rejeitos hospitalares, que são misturados aos demais resíduos comuns, comerciais, entulhos etc., e podem causar sérios prejuízos à saúde das pessoas que transitam diariamente no lixão, como os catadores que montam cabanas dentro do lixão e convivem com grande quantidade de chorume no local e os moradores que residem nas proximidades do lixão a céu aberto. Os motoristas de comércios, que levam diariamente seus resíduos sem nenhuma proteção, são também prejudicados e vulneráveis a doenças.

O município de Parintins possui dois hospitais: Hospital Padre Colombo e Hospital Regional Jofre Matos Cohen – ambos sem plano de gerenciamento de resíduos de serviços de saúde aprovado. As unidades de saúde pública não realizam adequadamente o manejo dos resíduos hospitalares, como determina a legislação. A coleta de resíduos hospitalares é feita nas unidades de saúde, e o transporte é realizado por um carro coletor específico da empresa terceirizada, mas a destinação final desses resíduos é irregular, diretamente no lixão, com os demais tipos de resíduos coletados na cidade (Figura 5).

Figura 5 – Resíduos de saúde a céu aberto; intensa presença de chorume

Fonte: Vistoria técnica TCE/UEA em Parintins, 2018.

A pecuária é a principal atividade socioeconômica do município de Parintins; porém, constitui-se como um potencial gerador de efluentes e resíduos que são descartados na natureza, causando sérios impactos ambientais. As diferentes etapas do processamento do material beneficiado no matadouro público municipal resultam na poluição do Rio Amazonas, onde o matadouro de Parintins/AM fica localizado, às suas margens. Os maiores impactos ambientais das atividades no matadouro, conforme observado durante a vistoria técnica, são causados pelos excrementos e pelo sangue animal, que são depositados nas valas amarela e vermelha; em seguida, o líquido é escoado diretamente no Rio Amazonas. As vísceras não comestíveis e as carcaças são descartadas no lixão a céu aberto, misturadas com os demais tipos de resíduos. O tratamento inadequado dos dejetos do matadouro resulta em ameaça à saúde pública, pois se constitui em fonte atrativa de vetores e contaminação do solo e da água. Constatou-se durante a vistoria técnica que o matadouro de Parintins não está legalizado, e sua estação de tratamento não opera corretamente em seu processo final, causando a proliferação de animais transmissores de doenças e riscos de contaminação da água (Figura 6).

As agremiações folclóricas de bois-bumbá Garantido e Caprichoso de Parintins são também potenciais geradores de resíduos sólidos no município. Durante a vistoria na área do lixão a céu aberto, registrou-se a entrada de caminhões de ambas as agremiações descartando seus resíduos na área de acesso ao lixão, como isopor, papelão e ferro, formando um grande amontoado de rejeitos que se sobressaíam e se misturavam aos outros tipos de resíduos (Figura 7).

Figura 6 – Valas vermelha e amarela, que recebem os dejetos animais, que depois são escoados no Rio Amazonas; estação de tratamento final dos dejetos animais desativada; carcaça animal espalhada no lixão

Fonte: Arquivo de pesquisa técnica TCE/UEA em Parintins, 2018.

Figura 7 – Caminhões depositando no lixão os resíduos gerados pelas agremiações folclóricas de bois-bumbá de Parintins/AM

Fonte: Arquivo de pesquisa técnica TCE/UEA em Parintins, 2018.

Quanto ao risco aviário, é bastante preocupante, pois a lixeira do município, que fica localizada próximo ao aeroporto Júlio Belém na Área de Segurança Aeroportuária (ASA), tem potencial atrativo de urubus e outras aves, trazendo sérios problemas de aviação. Em setembro de 2010, o aeroporto de Parintins/AM foi interditado e, depois, fechado para pousos e decolagens em horários diurnos por decisão da Justiça Federal, após denúncia de órgãos ambientais e de fiscalização. Essa decisão acarretou inúmeros transtornos socioeconômicos ao município. Em maio de 2011, o aeroporto foi reaberto e, em agosto desse mesmo ano, novamente fechado. Desde então, algumas medidas foram realizadas, resultando em liberação temporária do aeroporto.

Para se adequar às determinações legais, consta de relatório ambiental que, em 2015, o poder municipal realizou serviço de aterramento no lixão para evitar que urubus fossem atraídos pelos resíduos e sobrevoassem nas proximidades do aeroporto. Em 2016, após essa medida de tratamento, o lixão recebe um certificado de aterro sanitário.

A Agência Nacional de Aviação Civil – ANAC, por meio da Portaria nº 1.124, do dia 09 de abril de 2018, da Superintendência de Infraestrutura Aeroportuária, renova a licença que mantém o tráfego aéreo sem restrições no aeroporto de Parintins. Antes, a renovação dessa licença era trimestral; hoje, é anual. O município não tem liberação permanente de funcionamento do aeroporto em virtude do não atendimento às normas de segurança exigidas pela ANAC e por outros órgãos fiscalizadores da aviação no Brasil.

Durante o período da vistoria técnica, foi possível verificar que a área certificada em 2016 como aterro atualmente não passa de um lixão a céu aberto, onde todo tipo de resíduo é depositado e misturado de forma desordenada, sem tratamento adequado; além disso, a presença de urubus e outros animais é intensa, perdurando o problema de segurança aeroportuária municipal. O risco de acidentes devido à presença de urubus e outros pássaros que sobrevoam o aeroporto da cidade ainda é fator preocupante.

A Prefeitura Municipal de Parintins/AM, através da Secretaria de Meio Ambiente, realiza campanhas educativas nos bairros da cidade, com visitas nas residências, falando sobre as práticas cotidianas ambientalmente corretas. A educação ambiental é um mecanismo indispensável, que ajuda a promover a consciência ambiental cidadã e o bom gerenciamento dos resíduos domiciliares; no entanto, ela precisa ser ampliada pela administração municipal, de modo a envolver instituições importantes, como escolas, meios de comunicação, universidades e as associações folclóricas do município.

A geração e o acúmulo de resíduos sólidos no lixão em Parintins/AM, com o aumento populacional, ganham cada dia mais uma dimensão extrema, causando transtornos aéreos, danos à natureza e riscos à saúde e ao bem-estar social. Observa-se que a fase de debate sobre o tratamento e a disposição de resíduos sólidos urbanos está esgotada, e as ações para solucionar de uma vez por todas o problema do lixo em Parintins ainda são negligenciadas pelo poder público municipal.

Em cumprimento à Lei Federal nº 12.305/2010, à Lei Orgânica do Município de Parintins nº 0265/2001-GPMP e à Lei nº 387/2006-GPMP, que institui o Código Ambiental do Município de Parintins, foi aprovado pela Câmara Municipal de Parintins/AM o Plano Municipal de Gestão de Resíduos Sólidos – PMGIRS, mas que não foi atualizado. Suas atividades, em parte, foram implementadas; inclusive, programas de educação ambiental são realizados em escolas e bairros, mas com pouca repercussão.

Considerações finais

A preocupação do Tribunal de Contas do Estado do Amazonas com questões ambientais, considerando as informações denunciadas frequentemente pela mídia e pela população a respeito do problema da destinação final dos resíduos sólidos no Estado do Amazonas em virtude dos danos ambientais, dos riscos à saúde e acidentes em aeroportos, requer de cada gestor municipal maior empenho para enfrentar o desafio estabelecido pela PNRS na elaboração de políticas públicas com planos de ações que requerem a minimização dos problemas socioambientais, econômicos e de saúde pública, focando no gerenciamento consciente e responsável dos resíduos sólidos urbanos.

O atual desafio do poder público, em geral, é determinar um local ambientalmente adequado, bem como técnicas capazes de resolver efetivamente o problema do gerenciamento dos resíduos sólidos e oferecer máxima segurança para o meio ambiente, sem deixar problemas para as gerações futuras. Vale mencionar que, em 1999, o Prof. Dr. João Bosco Ladislau de Andrade deu um parecer técnico no qual indicou uma área dentre três opções analisadas como alternativas possíveis para a construção de um aterro sanitário na cidade de Parintins/AM. O estudo técnico indicou a área da Cristina, local onde atualmente se encontra um conjunto residencial (ANDRADE, 1999).

A assessoria técnica deve ser reconhecida como o desenvolvimento de atividades técnicas educacionais, econômicas e socioambientais operacionais afetas à prestação de serviço, atendendo aos objetivos definidos para a maximização da fiscalização, proteção ambiental, viabilidade econômica sustentável, minimização dos problemas sociais, bem como os procedimentos de identificação e tratamento de não conformidades, ações corretivas e preventivas.

Figura 4 – Visão analítica da gestão de resíduos sólidos no município de Parintins/AM

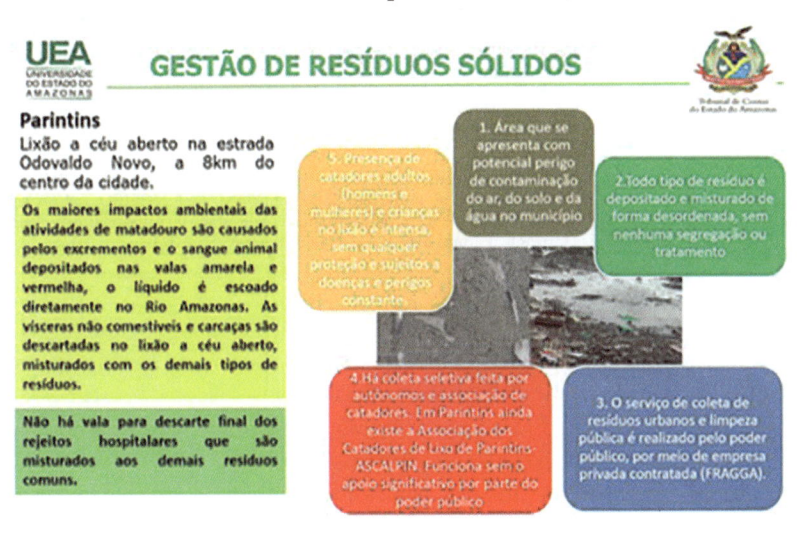

Fonte: Vistoria DEAMB/UEA (2018).

Referências

ABRELPE – ASSOCIAÇÃO BRASILEIRA DE EMPRESAS DE LIMPEZA PÚBLICA E RESÍDUOS ESPECIAIS. *Panorama dos Resíduos Sólidos no Brasil*. São Paulo, 2017. Disponível em: http://abrelpe.org.br/panorama. Acesso em: 15 out. 2018.

ANDRADE, João Bosco Ladislau de. *Parecer Técnico sobre a seleção de áreas para o aterro sanitário de Parintins – AM*. Prefeitura Municipal de Parintins – PMP. Parintins, 1999.

BRASIL. Congresso Nacional. *Lei nº 12.305 de 2 de agosto de 2010 (Política Nacional de Resíduos Sólidos)*. Brasília, DF. 2010. Disponível em: http://www.planalto.gov.br. Acesso em: 05 out. 2018.

BRASIL. Constituição 1988. *Constituição da República Federativa do Brasil*. Coord. Mauricio Antonio Ribeiros Lopes. 4. ed. São Paulo: Ed. RT, 1999.

BRASIL. Ministério do Meio Ambiente. *Resolução CONAMA nº 05, de 05 de agosto de 1993*. Estabelece definições, classificação e procedimentos mínimos para o gerenciamento dos resíduos sólidos, oriundos dos serviços de saúde, portos e aeroportos, terminais ferroviários e rodoviários.

CÓDIGO AMBIENTAL DO MUNICÍPIO DE PARINTINS-AM DA POLÍTICA AMBIENTAL. Artigo 5º, Capítulo IV, inciso XXI – sobre impacto ambiental. Disponível em: https://www.parintins.am.gov.br/?q=277-conteudo-81282-anac-renova-licenca-de-funcionamento-do-aeroporto-de-parintins.

LEI ORGÂNICA DO MUNICÍPIO DE PARINTINS DO ESTADO DO AMAZONAS. n. 0265/2001 - GPMP.

Informação bibliográfica deste texto, conforme a NBR 6023:2018 da Associação Brasileira de Normas Técnicas (ABNT):

AMOÊDO, Jacklene Briglia *et al*. Panorama da gestão e gerenciamento dos resíduos sólidos no município de Parintins/AM. *In*: PINHEIRO, Júlio Assis Corrêa (Coord.). *Resíduos sólidos*: municípios do estado do Amazonas 2019. Belo Horizonte: Fórum, 2022. p. 143-154. ISBN 978-65-5518-328-3.

CARACTERIZAÇÃO DA DESTINAÇÃO DOS RESÍDUOS SÓLIDOS URBANOS NO MUNICÍPIO DE PRESIDENTE FIGUEIREDO/AM

JACKLENE BRIGLIA AMOÊDO
ANTÔNIO DE LIMA MESQUITA
CARLA SOUZA CALHEIROS
FÁBIO DE SOUSA CARDOSO
JOSÉ LUIZ SANSONE
JÚLIO ASSIS CORRÊA PINHEIRO
NÁDIA VERÇOSA DE MEDEIROS RAPÔSO
NELIANE DE SOUSA ALVES
RAIMUNDO CLAUDIO DE SOUSA GOMES
REGINA YANAKO MORIYA
RUBELMAR DE AZEVEDO FILHO
VALDETE SANTOS DE ARAÚJO

Introdução

Esta pesquisa é resultado da vistoria ambiental realizada no município de Presidente Figueiredo, em parceria com o Tribunal de Contas do Estado do Amazonas – TCE/AM, referente à caracterização dos resíduos sólidos urbanos, cujo objetivo foi verificar a situação atual do município em relação ao cumprimento da Lei Federal nº 12.305/10, que institui a Política Nacional de Resíduos Sólidos – PNRS, preconizada no Plano Estadual de Resíduos Sólidos do Amazonas – PERS-AM (SEMA, 2015).

A Lei Federal nº 12.305/2010, de 02 de agosto de 2010, instituiu a Política Nacional de Resíduos Sólidos, que é um marco regulatório completo para o setor de resíduos sólidos. A Política Nacional de Resíduos Sólidos harmoniza-se com diversas outras leis, compondo o arcabouço legal que influirá na postura da totalidade dos agentes envolvidos no ciclo de vida dos materiais presentes nas atividades econômicas. Está fortemente relacionada com a Lei Federal de Saneamento Básico, com a Lei de Consórcios Públicos, com a Política Nacional de Meio Ambiente e de Educação Ambiental, entre outros documentos importantes.

O Ministério do Meio Ambiente define como coleta seletiva a coleta dos resíduos orgânicos e inorgânicos, ou secos e úmidos, ou recicláveis e não recicláveis, que sofreram separação em sua fonte geradora. A coleta seletiva também possui a função de sensibilizar a população para questões como o tratamento dispensado aos resíduos sólidos produzidos diariamente (SEMA, 2015).

O município de Presidente Figueiredo (Figura 2) está localizado ao norte de Manaus, no km 107 da Rodovia BR-174 (que liga Manaus a Caracaraí e Boa Vista/RR), com uma extensão territorial de 25.534,5 km^2 (IBGE, 2010), ou seja, 1,58% do Estado do Amazonas. O município apresenta uma altitude de 40 m acima do nível do mar e faz fronteira com os municípios de Urucará, São Sebastião do Uatumã, Itapiranga, Barcelos, Rio Preto da Eva, Manaus, Novo Airão e com o Estado de Roraima. As coordenadas geográficas da sede são 02º 02' 04" S e 60º 01'30" WG.

A população total do município é de 27.594 habitantes (IBGE, 2010), apesar da prefeitura afirmar que seja de 30.000 hab. A maioria da população é formada por caboclos e imigrantes nordestinos e de outros estados da Amazônia. Cerca de 1,3% é representada pelo povo Waimiri Atroari, com 220 habitantes em quatro aldeias localizadas no município.

Há um notório equilíbrio entre a população urbana e rural. Além da sede, existem as Vilas de Balbina e Pitinga. No meio rural, há um acréscimo, embora pouco significativo, da população, motivo explicado pela existência de assentamentos e de 35 comunidades rurais.

O município apresenta 37,4% de domicílios com esgotamento sanitário adequado, 48,4% de domicílios urbanos em vias públicas com arborização e 41% de domicílios urbanos em vias públicas com urbanização adequada (presença de bueiro, calçada, pavimentação e meio-fio).

A economia do município está embasada principalmente na mineração (extração de cassiterita), que gera 1.000 empregos diretos e mais 3.000 indiretos.

A agricultura é baseada principalmente no cultivo da mandioca, cana-de-açúcar, coco, cupuaçu, guaraná, laranja, abacaxi, limão, melancia e outros de mesma importância econômica. A plasticultura está em estágio crescente, com a produção média de 3T/cada ciclo, principalmente de pimentão.

1 Panorama da destinação dos resíduos sólidos

A gestão municipal da limpeza urbana e disposição final dos resíduos sólidos (DRS) de Presidente Figueiredo é realizada pela Secretaria Municipal de Obras e Serviços Públicos.

A pesquisa sobre a Destinação final dos Resíduos Sólidos (DRS) foi realizada no âmbito do lixão a céu aberto, que fica na estrada AM-240; do Hospital Municipal Heraldo Neves Falcão; do polo moveleiro, potencial gerador de resíduos no município; da residência/oficina de Sucatas; e da área da Empresa de Coleta de Lixo e Limpeza (EcoAgro-Amazonense) para verificar a geração e destinação dos resíduos sólidos urbanos e rejeitos de saúde no desenvolvimento das ações do Plano Municipal de Gestão Integrada dos Resíduos Sólidos – PMGIRS.

No município de Presidente Figueiredo, o lixão está localizado na estrada AM-240, há 10 km da cidade, distante da via rodoviária a 500 metros. Constatou-se que, nessa área do lixão a céu aberto, onde se depositam os resíduos sólidos urbanos, e na área ao lado, os entulhos estão exauridos, com difícil acesso, mas continuam em uso, porém sem condição alguma de continuar recebendo qualquer tipo de resíduo (Figura 1).

Figura 1 – Imagem de satélite do lixão a céu aberto em Presidente Figueiredo e sua distância da AM-240

Fonte: Google Maps, 2018.

A equipe da gestão do município nos informou da existência de igarapés nas adjacências dos depósitos de lixo, devendo ser afetados em função da grande quantidade de chorume originado pelas montanhas de resíduos sólidos depositados a céu aberto e com gases poluentes, causando inúmeros problemas ambientais. Observou-se que a via de acesso ao lixão é totalmente inadequada e alagadiça, com riscos de atolamento de carros e caminhões de lixo. Os funcionários da coleta do lixo doméstico e hospitalar não usam equipamentos de proteção de segurança (EPI) e correm riscos de se contaminarem (Figura 2).

Figura 2 – Entrada de difícil acesso ao lixão na estrada AM-240 e lixão a céu aberto sem condições de receber qualquer tipo de resíduo

Fonte: Vistoria Técnica TCE/UEA, em Presidente Figueiredo, 2018.

Todo o lixo da cidade é depositado no lixão a céu aberto de difícil acesso, que deveria estar interditado e com medidas para a recuperação da área. Os resíduos hospitalares, segundo o responsável da empresa coletora, são remetidos para Manaus em carro adequado; porém, não foi possível durante a pesquisa constatar a informação.

A coleta de lixo é realizada todos os dias em carros coletores em ótimo estado de conservação, e os entulhos são coletados de acordo com uma tabela elaborada pela prefeitura do município, pois cada bairro tem o mês e o dia da coleta (Figura 3). Segundo o funcionário responsável da prefeitura, são coletadas diariamente 20 toneladas de lixos domiciliares, 300 kg de lixos hospitalares e 60 toneladas de entulhos.

Figura 3 – Rota de coleta nos bairros de PF; carros coletores de resíduos urbanos, domiciliares, hospitalares, comerciais e entulhos

Fonte: Vistoria Técnica TCE/UEA, em Presidente Figueiredo, 2018.

Em Presidente Figueiredo, conforme informações de pessoas responsáveis pela gestão e coleta dos resíduos (controlador-geral do município/secretário de Meio Ambiente/gerente da empresa EcoAgro), não há catadores no lixão e nenhuma cooperativa ou associação de catadores que coletam recicláveis; logo, todo o material reciclável se destina ao lixão a céu aberto, que se encontra esgotado, porém em funcionamento.

Em cumprimento à Lei Federal nº 12.305/2010 e Lei nº 687/2013, foi aprovado pela Câmara Municipal de Presidente Figueiredo/AM o Plano Municipal de Gestão de Resíduos Sólidos – PMGIRS, que não está atualizado em sua maior parte; porém, o município tem buscado implementar as ações programadas, faltando empenhar mais esforços para colocar em prática programas de educação ambiental.

Considerações finais

A área do lixão não possui cerca ou muro, e o local não sofre influência nos períodos de cheia dos rios. Nas proximidades do lixão, existem residências. Não houve evidência da existência de catadores no lixão do município, apenas na área urbana. O município não recebe nenhum resíduo dos municípios adjacentes.

Os resíduos são depositados sem segregação e de maneira aleatória, propiciando a proliferação de vetores de doenças (ratos, baratas, moscas etc.), não foi observada a presença de espécies de urubus (*Coragyps atratus*) ou animais domésticos. A Secretaria Municipal de Meio Ambiente informou a existência de valas específicas para RSS.

Figura 4 – Visão analítica da gestão de resíduos sólidos no município de Presidente Figueiredo/AM

GESTÃO DE RESÍDUOS SÓLIDOS

Presidente Figueiredo
Lixão a céu aberto que fica na estrada 240-AM há 10 km da cidade, distante da via rodoviária a uns 500 metros.

Empresa de Coleta de Lixo e Limpeza (Eco Agro-Amazonense)

- 20 toneladas de lixos domiciliares/dia
- 300 Kg e lixos Hospitalares/dia
- 60 toneladas de entulhos/dia.

Potenciais geradores de resíduos no município

- Hospital Municipal Heraldo Neves Falcão
- Polo Moveleiro

1. A via de acesso ao lixão é totalmente argilosa e alagadiça, com riscos de atolamento de carros e caminhões de lixo

2. Os funcionários, da coleta do lixo doméstico e hospitalar, não usam equipamentos adequados e correm riscos de se contaminarem.

3. A coleta de lixo é realizada todos os dias. Entulhos são coletados - tabela elaborada pela Prefeitura do Município, pois, cada bairro tem o mês e o dia

4. Não há catadores no lixão e nenhuma cooperativa ou associação de catadores que coletam recicláveis

5. Encontrou-se uma oficina de sucatas que funciona há mais de 15 anos na parte da frente de uma pequena moradia.

Fonte: Vistoria DEAMB/UEA (2018).

Referências

ASSOCIAÇÃO AMAZONENSE DE MUNICÍPIOS (AAM). *PLAMSAN*. Plano Municipal de Gestão Integrada de Resíduos Sólidos. 2012.

BRASIL. *Lei nº 12.305, de 2 de agosto de 2010*. Institui a Política Nacional de Resíduos Sólidos; altera a Lei nº 9.605, de 12 de fevereiro de 1998; e dá outras providências. Disponível em: https://www.mma.gov.br/cidades-sustentaveis/residuos-solidos/politica-nacional-de-residuos-solidos.

INSTITUTO BRASILEIRO DE GEOGRAFIA E ESTATÍSTICA – IBGE. *Pesquisa Nacional de Saneamento Básico 2008*. Rio de Janeiro, 2010.

SEMA. *Plano estadual de resíduos sólidos do Amazonas*. Manaus: SEMA, 2015. 733 p. Il.

Informação bibliográfica deste texto, conforme a NBR 6023:2018 da Associação Brasileira de Normas Técnicas (ABNT):

AMOÊDO, Jacklene Briglia *et al*. Caracterização da destinação dos resíduos sólidos urbanos no município de Presidente Figueiredo/AM. *In*: PINHEIRO, Júlio Assis Corrêa (Coord.). *Resíduos sólidos*: municípios do estado do Amazonas 2019. Belo Horizonte: Fórum, 2022. p. 155-161. ISBN 978-65-5518-328-3.

PANORAMA DA GESTÃO E GERENCIAMENTO DOS RESÍDUOS SÓLIDOS NO MUNICÍPIO DE RIO PRETO DA EVA/AM

RAIMUNDO CLAUDIO DE SOUSA GOMES
ANTÔNIO DE LIMA MESQUITA
CARLA SOUZA CALHEIROS
FÁBIO DE SOUSA CARDOSO
JACKLENE BRIGLIA AMOÊDO
JOSÉ LUIZ SANSONE
JÚLIO ASSIS CORRÊA PINHEIRO
NÁDIA VERÇOSA DE MEDEIROS RAPÔSO
NELIANE DE SOUSA ALVES
REGINA YANAKO MORIYA
RUBELMAR DE AZEVEDO FILHO
VALDETE SANTOS DE ARAÚJO

Introdução

A aprovação da Lei nº 12.305, de 02 de agosto de 2010, que institui a Política Nacional de Resíduos Sólidos – PNRS, trouxe novas perspectivas para a gestão dos resíduos sólidos. A Lei nº 12.305/10 tem a finalidade de orientar as ações estratégicas na área ambiental, alcançando resultados significativos para o desenvolvimento ambientalmente sustentável e socialmente justo. A elaboração do Plano Nacional de Resíduos Sólidos – PNRS traçou diretrizes, estratégias e metas para a disposição adequada dos resíduos sólidos das diversas fontes produtoras, a redução do volume de resíduos gerados, a ampliação da reciclagem associada a mecanismos de coleta seletiva com inclusão social de catadores, a responsabilização de toda a cadeia de produção e de consumo pelo destino final dos citados resíduos, com a implantação de mecanismos de logística reversa e o desenvolvimento de todo o sistema, assim como o comprometimento dos diferentes entes federativos na elaboração e execução dos planos adequados às realidades regionais, vinculando repasse de recursos à elaboração de planos municipais, intermunicipais e estaduais de resíduos. Dentre as metas mais imediatas, inclui-se, por exemplo, a erradicação dos lixões até o final de 2014 (IPEA, 2012).

A Política Nacional de Resíduos Sólidos (Lei nº 12.305/10) completou nove anos em 2019, mas muitas ações previstas ainda não foram colocadas em prática. De acordo com o Ministério do Meio Ambiente, quase metade do lixo gerado nas cidades brasileiras ainda vai para aterros inadequados. Hoje, existem cerca de 3 mil lixões no Brasil, que contaminam o solo e as águas. Pela lei, eles teriam que ter sido extintos em 2014, mas o prazo foi prorrogado para 2021.

Segundo a Lei Federal nº 12.305/10, que institui a Política Nacional de Resíduos Sólidos, o resíduo sólido urbano (RSU) se caracteriza por englobar os resíduos domiciliares, ou seja, aqueles originados nas atividades domésticas em residências urbanas, e os resíduos provenientes da limpeza urbana (varrição, limpeza de logradouros e vias públicas, bem como de outros serviços de limpeza urbana). Essa mesma lei traz definições para o gerenciamento de resíduos sólidos, caracterizado pelo conjunto de ações exercidas, direta ou indiretamente, nas etapas de coleta, transporte, transbordo, tratamento e destinação final ambientalmente adequada dos resíduos sólidos, de acordo com o plano municipal de gestão integrada de resíduos sólidos ou com o plano de gerenciamento de resíduos sólidos. Na gestão e gerenciamento de resíduos sólidos, deve ser observada a seguinte ordem de prioridade: não geração, redução, reutilização, reciclagem, tratamento dos resíduos sólidos e disposição final ambientalmente.

Cerca de 80% dos municípios brasileiros possuem baixa ou nenhuma condição de tratar os resíduos urbanos de forma correta e individual, segundo a Associação Brasileira de Empresas de Tratamento de Resíduos e Efluentes – Abetre. De acordo com a entidade, tratar os resíduos públicos de forma correta e individual só é viável financeiramente para municípios com mais de 300 mil habitantes, que compõem hoje apenas 20% do total de cidades brasileiras. E esse é um dos principais problemas, pois, nos pequenos e médios municípios, os custos ficam por conta exclusivamente das prefeituras.

1 Município de Rio Preto da Eva

O município de Rio Preto da Eva é um dos mais recentes criados no Estado do Amazonas, cuja instalação se deu através da Lei nº 1, de

12 de abril de 1961. Foi elevado à categoria de município, com o nome de Eva, com sede do mesmo nome localizado em um sítio aquém do Rio Preto da Eva, às margens do Rio Grande; com o advento da Emenda Constitucional nº 12, de 10 de dezembro de 1981, foi elevado à categoria de município pela segunda vez, porém com o nome de Rio Preto da Eva.

O município de Rio Preto da Eva corresponde à oitava maior arrecadação dentre os municípios amazonenses, estando na faixa dos R$70 milhões para uma população estimada, em 2018, inferior a 33 mil.

Localiza-se na Mesorregião do Centro Amazonense, que engloba 31 municípios do estado distribuídos em seis microrregiões de dois municípios: Presidente Figueiredo e o próprio Rio Preto da Eva. A sede municipal está situada no km 79 da AM-010, ao norte da capital do Amazonas. Os municípios limítrofes são Presidente Figueiredo ao norte; Manaus ao sul e oeste; e Itacoatiara e Itapiranga ao leste e nordeste. À exceção de Presidente Figueiredo, os demais municípios fronteiriços ao Rio Preto da Eva possuem conexão rodoviária através da AM-010.

2 Resíduos sólidos do município

Dentre os municípios visitados, o quadro de maior precariedade foi identificado no Rio Preto da Eva, visto que, não possuindo aterro sanitário nem local facilmente disponível para instalação de uma infraestrutura de descarte de seus resíduos, dado o risco de contaminação de seus igarapés e inúmeros balneários que movimentam a economia local, os resíduos eram transportados para o aterro no município de Manaus; porém, há algum tempo, a administração desse aterro proibiu descartes, que se realizavam de outros municípios, devido à saturação iminente do mesmo. Desde então, existe um lixão com área aproximada de 8.500,00 m² e perímetro de 370,00 m situado a 9.940,00 m, em um rumo de 45º NE, tendo como referencial de partida a cabeceira leste da ponte sobre o rio que margeia a cidade. O acesso se dá através de três trechos viários, sendo o primeiro na AM-010, com 7.347,00 m; o segundo, na ZF-07, com 2.018,00 m; e o terceiro em um ramal com 575,00 m, conforme mostrado na figura 1. Como os dois últimos trechos não são asfaltados, durante o período chuvoso e úmido o acesso ao lixão fica bastante comprometido em função dos atoleiros que aparecem frequentemente, tornando-se extremamente precária a operação de transporte dos resíduos sólidos gerados no município em questão.

Figura 1 – Localização do lixão de Rio Preto da Eva

Fonte: Google.

Desde a coleta até o deposito final dos resíduos sólidos gerados no município em análise, inexiste o processo seletivo. O lixo é depositado na área de destino (lixão) e espalhado mecanicamente com o auxílio de duas escavadeiras hidráulicas de esteiras (Figura 2).

Figura 2 – Uso de escavadeira hidráulica de esteiras para o espalhamento mecanizado dos resíduos sólidos de Rio Preto da Eva

Fonte: Autores.

Constatou-se ainda que o lixo não sofre nenhum processo de compactação mecânica, com uso de compactadores de aterro sanitário. Como forma de reduzir o volume dos resíduos, esse processo é substituído pela incineração a céu aberto, com todos os gases tóxicos gerados nessa fase indo diretamente para a atmosfera. Como o lixão está localizado a nordeste da cidade de Rio Preto da Eva, e os ventos predominantes na região são na direção nordeste/sudoeste, esses citados gases e aerodispersoides (partículas finas e leves) podem estar voltando para a própria cidade em questão (Figura 3).

Figura 3 – Incineração do lixo a céu aberto

Fonte: Autores.

Em complemento, o município não possui um plano de gestão de resíduos sólidos sequer em elaboração, assim como o suporte dado pelo poder público municipal à organização de cooperativas de catadores é tímido e não formal. De forma geral, não há qualquer tipo de apoio institucional às iniciativas empresariais autônomas dedicadas à coleta, beneficiamento e comercialização de recicláveis, como plásticos e metais de sucatas.

Considerações finais

No maravilhoso mundo das leis, desde 2014 não haveria mais um só lixão no Brasil – é o que determina a Política Nacional de Resíduos

Sólidos – PNRS, em vigor desde agosto de 2010. Mas, no Brasil de verdade, os lixões a céu aberto ainda são o destino do lixo gerado em 1.552 (27,8%) dos 5.570 municípios brasileiros, segundo a Abrelpe (2019).

Atualmente, 58,4% do lixo produzido no Brasil vai parar em aterros sanitários. São locais preparados para receber o lixo, que vai sendo recoberto com terra de tempos em tempos. Teoricamente, o aterro tem que implementar uma série de medidas para reduzir os impactos ambientais, como a impermeabilização do solo, a compactação do lixo e a drenagem do chorume e do biogás gerados no processo de decomposição. Ou seja, um aterro já é bem melhor do que um lixão, este, sim, completamente ilegal.

O objetivo da PNRS é fazer com que apenas aqueles materiais cuja reutilização é inviável (material hospitalar, por exemplo) sejam encaminhados para os aterros, o que representa 10% do lixo produzido no Brasil. O restante seria reciclado e reinserido na cadeia produtiva ou encaminhado para compostagem e geração de energia (no caso dos resíduos orgânicos).

Segundo a ANAMMA 2019, quando há vontade política, muitos gestores se deparam com outro problema: a falta de profissionais qualificados para criar e implementar os planos municipais de resíduos sólidos. Mais de um terço dos municípios não têm sequer um profissional técnico na área ambiental no seu quadro de funcionários.

A lei que estabeleceu a PNRS apostou em princípios louváveis – porém, pouco realistas – para garantir o cumprimento de suas metas. Um deles é o da responsabilidade compartilhada pelo ciclo de vida dos produtos, ou seja, poder público, fabricantes, importadores, distribuidores, comerciantes, todos devem fazer a sua parte para garantir o recolhimento, reciclagem, reintrodução e, em último caso, o descarte dos resíduos. Essas responsabilidades devem ser definidas formalmente através de acordos setoriais.

Os municípios do interior amazonense, de forma quase generalizada, enfrentam sérias restrições orçamentárias, precariedade na sua infraestrutura interna, indisponibilidade de RH qualificado na quantidade necessária para composição de equipes técnicas locais e relativo isolamento geográfico. Por outro lado, os custos de implantação, operação e manutenção de um aterro sanitário são notoriamente elevados e, conforme citado na introdução, inviáveis para municípios com população inferior a 100 mil habitantes, caso comum entre todos os municípios visitados. Entretanto, a necessidade de instalação de aterros sanitários nessas localidades e a urgente interdição dos lixões lá em operação são, sem dúvida, prementes.

Figura 4 – Visão analítica da gestão de resíduos sólidos no município de Rio Preto da Eva/AM

GESTÃO DE RESÍDUOS SÓLIDOS
MUNICÍPIO DE RIO PRETO DA EVA

MUNICÍPIO DE RIO PRETO DA EVA → Não há um Plano de Gestão de Resíduos Sólidos, sequer em elaboração, assim como, o suporte dado pelo poder público municipal à organização de cooperativas de catadores é tímido e não formal e, de forma geral, não há qualquer tipo de apoio oficial às a iniciativas empresariais autônomas dedicadas à coleta, beneficiamento e comercialização de recicláveis como plásticos e metais de sucatas.

Fonte: Vistoria DEAMB/UEA (2018).

Referências

ASSOCIAÇÃO BRASILEIRA DE EMPRESAS DE LIMPEZA PÚBLICA E RESÍDUOS ESPECIAIS. *Panorama dos resíduos sólidos no Brasil 2010*.

ASSOCIAÇÃO BRASILEIRA DE EMPRESAS DE LIMPEZA PÚBLICA E RESÍDUOS ESPECIAIS. *Panorama dos resíduos sólidos no Brasil 2012*.

CHIAVENATO, Idalberto. *Introdução à Teoria Geral da Administração*. Rio de Janeiro: Campus, 2000.

FREY, Klaus. Políticas públicas: um debate conceitual e reflexões referentes à prática da análise de políticas públicas no Brasil. *Planejamento e Políticas Públicas*, Brasília, n. 21, p. 211-259, jun. 2000.

GIL, Antônio C. *Como elaborar projetos de pesquisa*. 5. ed. São Paulo: Atlas, 2010.

GOUVEIA, Nelson. Saúde e meio ambiente nas cidades: os desafios da saúde ambiental. *Saúde e Sociedade*, São Paulo, v. 8, n. 1, p. 49-61, 1999.

GOUVEIA, Nelson. Resíduos sólidos urbanos: impactos socioambientais e perspectiva de manejo sustentável com inclusão social. *Ciênc. saúde coletiva*, Rio de Janeiro, v. 17, n. 6, jun. 2012.

INSTITUTO BRASILEIRO DE ESTATISSTICA E GEOGRAFIA. *Produto interno bruto dos municípios*: 2010. 1. ed. Rio de Janeiro. 2012.

JACOBI, Pedro R.; BESEN, Gina R. Gestão de resíduos sólidos em São Paulo: desafios da sustentabilidade. *Estudos Avançados*, v. 25, n. 71, São Paulo, jan./abr. 2011.

MELO, Lucas A. de.; SAUTTER, Klaus D.; JANISSEK, Paulo R. Estudo de cenários para o gerenciamento dos resíduos sólidos urbanos de Curitiba. *Engenharia Sanitária Ambiental*, Rio de Janeiro, v. 14, n. 4, 2009.

Informação bibliográfica deste texto, conforme a NBR 6023:2018 da Associação Brasileira de Normas Técnicas (ABNT):

GOMES, Raimundo Claudio de Sousa *et al.* Panorama da gestão e gerenciamento dos resíduos sólidos no município de Rio Preto da Eva/AM. In: PINHEIRO, Júlio Assis Corrêa (Coord.). *Resíduos sólidos*: municípios do estado do Amazonas 2019. Belo Horizonte: Fórum, 2022. p. 163-170. ISBN 978-65-5518-328-3.

PANORAMA DA GESTÃO E GERENCIAMENTO DOS RESÍDUOS SÓLIDOS NO MUNICÍPIO DE SILVES/AM

RAIMUNDO CLAUDIO DE SOUSA GOMES
ANTÔNIO DE LIMA MESQUITA
CARLA SOUZA CALHEIROS
FÁBIO DE SOUSA CARDOSO
JACKLENE BRIGLIA AMOÊDO
JOSÉ LUIZ SANSONE
JÚLIO ASSIS CORRÊA PINHEIRO
NÁDIA VERÇOSA DE MEDEIROS RAPÔSO
NELIANE DE SOUSA ALVES
REGINA YANAKO MORIYA
RUBELMAR DE AZEVEDO FILHO
VALDETE SANTOS DE ARAÚJO

Introdução

O objetivo deste trabalho é relatar os resultados da inspeção ambiental referente à gestão e gerenciamento de resíduos sólidos urbanos realizada no município de Silves/AM. Tal inspeção foi também realizada no âmbito da parceria com o Tribunal de Contas do Estado do Amazonas.

Conforme o *site* oficial do município de Silves, sua história está intimamente associada à de Itapiranga, por já terem formado uma mesma unidade administrativa com as atuais respectivas sedes, alternando-se no decurso do tempo como sede do município que então englobava a ambos. Segundo o mesmo portal, o povoamento da região tem seu marco inicial na fundação da Missão do Saracá, por Frei Raimundo da Ordem das Mercês, em 1660. Em 1663, lutas são travadas entre os colonizadores portugueses e os indígenas perto da foz do Rio Urubu, até a chegada, no final desse ano, de Pedro da Costa Favela, que aí desembarca parte de sua tropa para a manutenção da ordem. A elevação à categoria de vila com a denominação de Silves ocorreu pela Resolução nº 4, de 21 de outubro de 1833, sendo assim desmembrada do município de Manaus.

Há na gestão municipal a Secretaria do Meio Ambiente com as seguintes competências: I – promover a defesa e garantir a conservação, recuperação e proteção do meio ambiente; II – fiscalizar atividades potencialmente poluidoras do meio ambiente; III – coordenar o sistema de gestão ambiental para execução da política de meio ambiente do município; IV – coordenar e supervisionar a política de educação ambiental no município; V – providenciar a recuperação ambiental e reflorestamento de áreas degradadas; VI – estabelecer padrões e normas ambientais no âmbito do município; VII – verificar auditorias ambientais em instalações e atividades potencialmente poluidoras; VIII – promover estudos para implementação de Estudo de Impacto de Vizinhança (EIV); IX – exercer o poder de polícia em relação a atividades causadoras de poluição atmosférica, hídrica, sonora, do solo, à mineração, ao desmatamento, aos resíduos tóxicos, e impor multas, embargos, apreensões, restrições para o funcionamento, interdições, demolições e demais sanções administrativas estabelecidas pela lei; X – propor a criação de unidades de conservação ambiental no município e implementar sua regulamentação e gerenciamento; XI – promover a gestão integrada da política de resíduos sólidos no município; XII – promover a gestão integrada de áreas contaminadas no município; XIII – implementar a política de redução de gases de efeito estufa no âmbito do município; XIV – promover o aumento das áreas verdes urbanas; XV – contribuir para a melhoria da qualidade das águas do sistema hídrico municipal; XVI – elaborar e implantar uma política municipal que privilegie as atividades agroflorestais, agropecuárias e pesqueira de médio e pequeno portes, conduzidas de forma ecologicamente correta, economicamente viável, socialmente justa e culturalmente diversificada; XVII – desempenhar outras competências correlatas, determinadas pelo chefe do Poder Executivo.

1 Município de Silves

Quadro 1 – Identificação do município

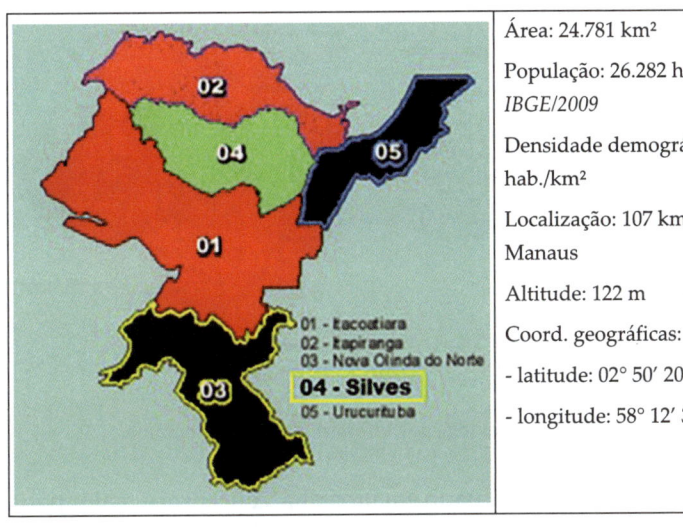

	Área: 24.781 km²
	População: 26.282 hab. *est. IBGE/2009*
	Densidade demográfica: 0,9 hab./km²
	Localização: 107 km de Manaus
	Altitude: 122 m
	Coord. geográficas:
	- latitude: 02° 50' 20" sul;
	- longitude: 58° 12' 33" oeste.

01 - Itacoatiara
02 - Itapiranga
03 - Nova Olinda do Norte
04 - Silves
05 - Urucurituba

Fonte: Wikipédia - Google (2019).

Elevado à categoria de vila com a denominação de Silves pela Resolução nº 4, de 21 de outubro de 1833, foi desmembrado do município de Manaus. Tem sede na antiga povoação de Santana de Saracá. Em divisão administrativa referente ao ano de 1911, a vila é constituída de oito distritos: Silves, Anibá, Boa Esperança, Lago Canaçari, Costa de Cucuiari, Costa de Murumurutuba, Lago Canaçari e Rebujão. Entre várias alternâncias de retorno à condição de vila, foi elevado novamente à categoria de município com a denominação de Silves pela Lei Estadual nº 117, de 29 de dezembro de 1956, sendo desmembrado do município de Itapiranga.

Em 10.12.1981, pela Emenda Constitucional nº 12, Silves perdeu partes de seu território em favor dos novos municípios de Rio Preto da Eva e Presidente Figueiredo, assim permanecendo em divisão territorial datada de 2009. O município de Silves é um dos cinco municípios constituintes da Microrregião de Itacoatiara, possuindo uma população estimada, em 2018, na ordem de 9.110 habitantes, possuindo a baixíssima densidade demográfica de apenas 2,25 hab./km² (ver Figura 1), porém, superior à do município de Itapiranga, com menos de 2 hab./km².

Figura 1 – Tela do *site* do IBGE com os dados
demográficos do município de Silves

Fonte: https://cidades.ibge.gov.br/brasil/am/silves/panorama.

O município sede, situado em uma ilha, concentra a maior parte desse total e, portanto, possui uma densidade demográfica muito maior que a de todo o município. Na figura 2, a seguir, são apresentados os dados econômicos do município. Comparando-se ao município vizinho de Itapiranga, Silves apresenta também melhor desempenho econômico, possuindo um PIB *per capita* também superior.

Figura 2 – Tela do site do IBGE com os dados
econômicos do município de Silves

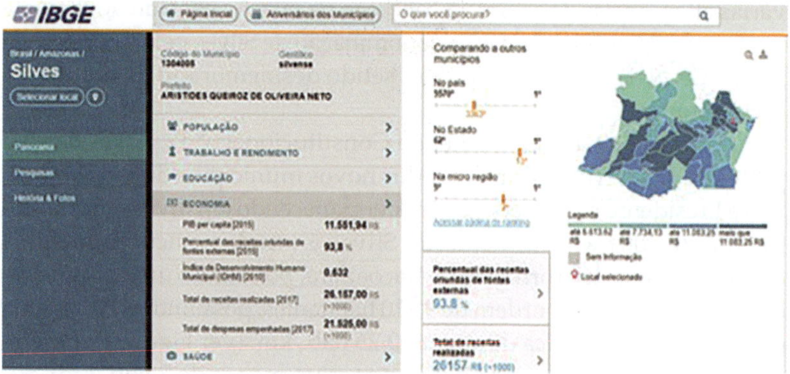

Fonte: https://cidades.ibge.gov.br/brasil/am/silves/panorama.

Circundado fronteiriçamente pelos municípios de Itapiranga ao norte, Itacoatiara ao sul e Urucurituba ao leste (Figura 3), Silves possibilita conexão rodoviária com a capital amazonense, Manaus, e demais municípios circundantes através das rodovias estaduais AM-010, AM-363 e AM-330.

Figura 3 – Mapa dos municípios que compõem a Microrregião de Itacoatiara, porém com realce ao município de Silves (em verde-claro) e seus limites fronteiriços

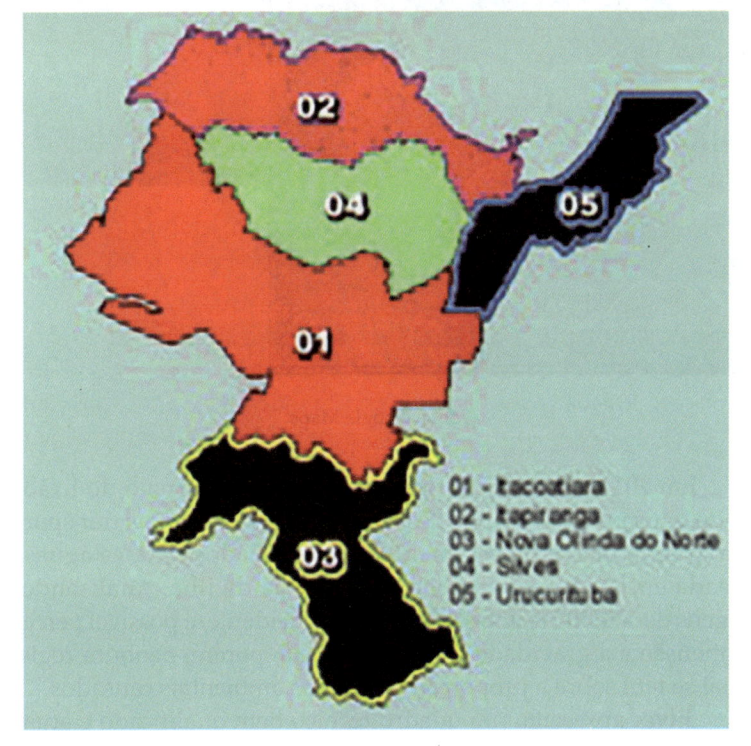

2 Resíduos sólidos

Vale citar como peculiaridade o relativo isolamento geográfico da sede municipal de Silves, visto que está localizada em uma ilha (Figura 4), cujo acesso final se dá por meio de balsa. Conforme observado, isso proporciona certa proteção à cidade dos problemas típicos de outras sedes municipais próximas, como o crescimento da marginalidade, do tráfico de drogas e de processos de favelização. Essa desordem social, muitas vezes, tem causa na migração facilitada e no livre trânsito de estranhos. Com essas peculiaridades, a cidade de Silves se coloca como excelente campo de estudo para teste (prova) de modelos e para o desenvolvimento experimental de soluções aplicáveis à gestão ambiental.

Figura 4 – Tela com vista de satélite no Google Maps da cidade de Silves, sede municipal

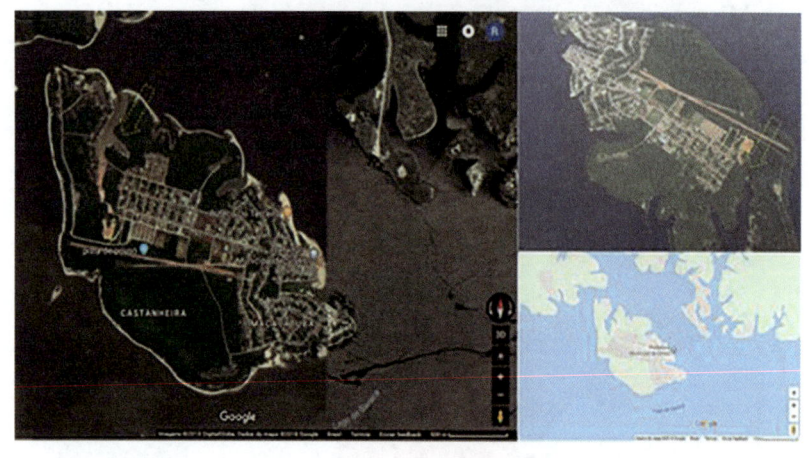

Fonte: Google Maps.

Em 2014, chuvas provocaram a erosão no terreno do lixão da cidade, causando um grande deslizamento de terra, o qual transportou uma grande massa de sedimentos contaminados para as águas da enseada em uma pequena vila na periferia da ilha. Analisando as imagens de satélite de antes e logo após o incidente, é possível perceber a dimensão e a gravidade dessa ocorrência; porém, nenhum registro oficial se tem sobre a proporção dos danos ambientais causados.

Silves apresenta um quadro técnico bem qualificado e atuante nas questões ambientais, apesar das condições semelhantes e da proximidade geográfica com Itapiranga. A atual gestão municipal desenvolve um destacado trabalho de educação ambiental nas escolas públicas e desativou o lixão que, na administração anterior, operava em local de forte risco ambiental. Na figura 5, a seguir, a imagem do Google Street View apresenta a entrada do lixão desativado.

Figura 5 – Imagens do portão de acesso do lixão desativado em Silves, dada pelo do Street View no Google Maps

Fonte: Google Maps.

Na realidade, a ilha não dispõe de espaço para instalação sequer de um aterro sanitário, posto que as áreas teoricamente disponíveis (afastadas do perímetro urbano) são áreas verdes próximas de enseadas, lagoas, braços de rios ou da pista de pouso de aeronaves na cidade, conforme podemos verificar na imagem de satélite dada na figura 6, a seguir.

Figura 6 – Tela com vista de satélite no Google Maps dos locais de destinação final dos resíduos sólidos da cidade de Silves, sede municipal. Circundado em amarelo ficava o antigo lixão desativado e, em azul, o aterro controlado atualmente em uso

Fonte: Google Maps.

A atual gestão municipal não só fez a mudança do local de destinação final dos resíduos sólidos da cidade, como vem realizando o manejo de forma muito próxima àquela dada na definição de um aterro controlado; dessa forma, tem conseguido diminuir momentaneamente a sensibilidade ambiental dessa questão, conforme pode ser observado na figura 7 apresentada a seguir.

Figura 7 – Fotos do local atual usado para destinação final
dos resíduos sólidos da sede municipal de Silves

Fonte: Vistoria DEAMB/UEA (2018).

Considerações finais

Cabe aos gestores do município de Silves definir ações e metas para as competências ambientais estabelecidas para a Secretaria de Meio Ambiente.

O município de Silves apresenta condições propícias, apesar de certas limitações e nos termos do que foi proposto para outros municípios, para implementar as seguintes recomendações:

- um plano de gestão, que terá reflexos positivos no âmbito social, ambiental e econômico, proporcionando inclusão social e diminuição dos impactos ambientais provocados pela disposição inadequada dos resíduos;
- ativação dos consórcios públicos para a gestão dos resíduos sólidos instituídos no Estado do Amazonas;
- ações encadeadas e integradas, envolvendo entes da esfera pública e privada, nas diferentes camadas geopolíticas (federal, estadual

e municipal) e nos diversos campos de competência (operacional, de fiscalização, de regulação, científica e acadêmica);
- identificação de locais adequados para instalação de aterros sanitários;
- implantação de infraestruturas comuns, de aterro sanitário, em que o custeio, operação, manutenção e uso sejam compartilhados, em consórcio, por grupos de municípios;
- criação de GTs (grupos de trabalhos) com pessoal da Secretaria de Meio Ambiente Municipal, professores, alunos e voluntários da comunidade, como agentes multiplicadores em educação ambiental;
- desenvolvimento de novos projetos de educação ambiental (coleta seletiva) com a parceria das escolas por meio das Secretarias de Educação (E.A. como tema gerador interdisciplinar), Secretaria de Meio Ambiente, meios de comunicação, comerciantes e comunidade local (associação de bairro), dando-lhes incentivos (premiações e assistência socioambiental continuada e programada);
- criação, por intermédio da Secretaria Municipal de Meio Ambiente, de medidas precautórias (notificação) e, no caso de reincidência, de medidas inibidoras (multas) para o descarte inadequado de RSU.

Figura 8 – Visão analítica da gestão de resíduos sólidos no município de Silves/AM

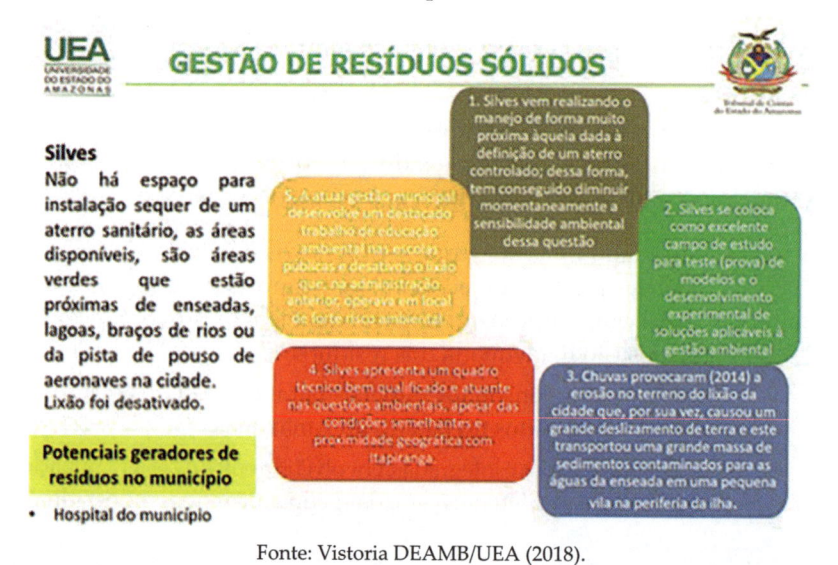

GESTÃO DE RESÍDUOS SÓLIDOS

Silves
Não há espaço para instalação sequer de um aterro sanitário, as áreas disponíveis, são áreas verdes que estão próximas de enseadas, lagoas, braços de rios ou da pista de pouso de aeronaves na cidade. Lixão foi desativado.

Potenciais geradores de resíduos no município
- Hospital do município

1. Silves vem realizando o manejo de forma muito próxima àquela dada à definição de um aterro controlado; dessa forma, tem conseguido diminuir momentaneamente a sensibilidade ambiental dessa questão

2. Silves se coloca como excelente campo de estudo para teste (prova) de modelos e o desenvolvimento experimental de soluções aplicáveis à gestão ambiental

3. Chuvas provocaram (2014) a erosão no terreno do lixão da cidade que, por sua vez, causou um grande deslizamento de terra e este transportou uma grande massa de sedimentos contaminados para as águas da enseada em uma pequena vila na periferia da ilha.

4. Silves apresenta um quadro técnico bem qualificado e atuante nas questões ambientais, apesar das condições semelhantes e proximidade geográfica com Itapiranga.

5. A atual gestão municipal desenvolve um destacado trabalho de educação ambiental nas escolas públicas e desativou o lixão que, na administração anterior, operava em local de forte risco ambiental.

Fonte: Vistoria DEAMB/UEA (2018).

Referências

AMAZONAS. *Biblioteca virtual do Amazonas*. 2012. Disponível em: www.bv.am.gov.br/portal/conteudo/municípios. Acesso em: mar. 2012.

AMAZONAS. *Site oficial do município de Silves*. Disponível em: https://www.silves.am.gov.br/pg.php?area=HISTORIA. Acesso em: 08 nov. 2019.

BRASIL. *Site do IBGE – Cidades*. Disponível em: http://www.cidades.ibge.gov.br/painel/historico.php?lang=&codmun=130400&search=%7Csilves. Acesso em: 08 nov. 2019.

Informação bibliográfica deste texto, conforme a NBR 6023:2018 da Associação Brasileira de Normas Técnicas (ABNT):

GOMES, Raimundo Claudio de Sousa *et al*. Panorama da gestão e gerenciamento dos resíduos sólidos no município de Silves/AM. *In*: PINHEIRO, Júlio Assis Corrêa (Coord.). *Resíduos sólidos*: municípios do estado do Amazonas 2019. Belo Horizonte: Fórum, 2022. p. 171-181. ISBN 978-65-5518-328-3.

SOBRE OS AUTORES

Anete Jeane Marques Ferreira
Diretora de Controle Ambiental Externo do TCE-AM. *E-mail*: anete.ferreira@tce.am.gov.br.

Antônio de Lima Mesquita
Doutorado em Engenharia dos Recursos Naturais da Amazônia na Universidade Federal do Pará. Professor Titular da Universidade do Estado do Amazonas – UEA. *E-mail*: mesquita@uea.edu.br.

Carla Souza Calheiros
Pós-Doutorado na Universidade de Aveiro – UA (Portugal). Doutorado na Universidade do Rio de Janeiro – UFRJ. Professora Adjunta da Universidade do Estado do Amazonas – UEA. *E-mail*: ccalheiros@uea.edu.br.

Fábio de Sousa Cardoso
Doutorado na Universidade Federal do Rio de Janeiro – UFRJ. Professor Adjunto da Universidade do Estado do Amazonas – UEA. *E-mail*: fcardoso@uea.edu.br.

Jacklene Briglia Amoedo
Mestrado pela Universidade Federal do Amazonas. Professora da Universidade do Estado do Amazonas. *E-mail*: jamoedo@uea.edu.br.

Janete Lapa Águila
Assessora de Controle Externo do TCE-AM. *E-mail*: janete.lapa@tce.am.gov.br.

Jose Luiz Sansone
Mestrado em Engenharia Mecânica e Metalurgia da UTFPR. Professor Adjunto D da Universidade do Estado do Amazonas – UEA. *E-mail*: jsansone@uea.edu.br.

Júlio Assis Corrêa Pinheiro
Bacharel em Direito pela Universidade Federal do Amazonas – UFAM, em 1985. Pós-Graduação MBA em Desenvolvimento Sustentável e Controle Ambiental pela Universidade Federal do Rio de Janeiro – UFRJ), em 2007. Possui experiência profissional nas áreas de Direito Penal, Direito Civil, Direito Administrativo, Direito Comercial e Direito de Família. Conselheiro

do Tribunal de Contas do Estado do Amazonas TCE-AM desde 2005. *E-mail*: julio.pinheiro@tce.am.gov.br.

Lany Mayre Iglesias Reis
Assessora de Controle Externo. *E-mail*: lany.reis@tce.am.gov.br.

Nádia Verçosa de Medeiros Rapôso
Pós-Doutorado no Centro de Eletromagnetismo Aplicado da Universidade do Oriente – Santiago de Cuba. Doutorado na Universidade Joseph Fourier (Grenoble I). Professora Titular da Universidade do Estado do Amazonas – UEA. *E-mail*: nadia.mestrinho@gmail.com.

Neliane de Sousa Alves
Doutorado na Universidade de São Paulo (USP). Professora Adjunta da Universidade do Estado do Amazonas – UEA. *E-mail*: nsalves@uea.edu.br.

Raimundo Claudio de Sousa Gomes
Doutorado na Universidade Federal do Pará – UFPA. Professor Assistente Nível D da Universidade do Estado do Amazonas – UEA. *E-mail*: rsgomes@uea.edu.br.

Regina Yanako Moriya
Doutorado em Biotecnologia Industrial – EEL-USP. Professora Adjunto da Universidade do Estado do Amazonas – UEA. *E-mail*: rmoriya@uea.edu.br.

Rubelmar Maia de Azevedo Cruz Filho
Mestrado em Engenharia de Produção pela Universidade Federal do Amazonas (UFAM). Professor Titular da Universidade do Estado do Amazonas (UEA). *E-mail*: rubelmar.azevedo@gmail.com.

Sérgio Augusto Meleiro da Silva
Auditor Técnico de Controle Externo do TCE-AM. *E-mail*: sergiomeleiro@uol.com.br.

Valdete Santos de Araújo
Pós-doutorado na Universidade de Aveiro – UA (Portugal). Doutorado na Universidade Federal do Rio de Janeiro – UFRJ. Professora Adjunta da Universidade do Estado do Amazonas – UEA. *E-mail*: vsaraujo@uea.edu.br.